Des esclaves sous le fouet

Gilles GÉRARD, Martine GRIMAUD

Des esclaves sous le fouet

Le procès Morette à l'île Bourbon

Des mêmes auteurs

De Martine GRIMAUD :
Au fil d'Argente, La société des Écrivains, 2008.

De Gilles GÉRARD :
Visages de l'usine, Muséum Stella Matutina, 1994 (Avec Yann Arthus-Bertrand).
Famiy maron ou la famille esclave à Bourbon, L'Harmattan, 2012.
La guerre de 1811 ou la révolution des esclaves de Saint-Leu, île Bourbon, L'Harmattan, 2015.

© L'Harmattan, 2016
5-7, rue de l'Ecole-Polytechnique, 75005 Paris

http://www.harmattan.fr
diffusion.harmattan@wanadoo.fr
harmattan1@wanadoo.fr

ISBN : 978-2-343-08954-6
EAN : 9782343089546

A Germaine, Argente
A tout bann fanm kouraz

Remerciements à Pascale Clémentz, Tom Gérard, Marie-Hélène, Annick et Jean-François Hilaire, Salomé et Jean-Michel Lambert, Christine Radegonde et Thierry Roussey, pour leur collaboration.

Bourbon à la veille de l'abolition de l'esclavage

Le 15 janvier 1845, Germaine, esclave créole d'une vingtaine d'années, décède à Saint-Denis chez M. Camin, un riche négociant de l'île Bourbon, île de l'Océan Indien qui reprendra le nom de La Réunion en 1848, année de l'abolition de l'esclavage. Cette mort est le point de départ de l'affaire Morette, du nom d'un régisseur qui gérait une propriété à Saint-André, sur la côte Est, pour le compte de M. Camin.

Cette affaire judiciaire est celle d'une accusation pour le meurtre de quatre esclaves et pour des traitements barbares et inhumains envers treize autres.

Cette histoire, sordide comme toutes celles traitant du même sujet, commence en juillet 1842 et s'achève, juridiquement, le 16 janvier 1846, à l'issue d'un procès qui durera onze jours devant la cour d'Assises de Saint-Denis, et qui mobilisera, pour l'accusation, une cinquantaine de témoins dont trente esclaves, onze Blancs[1], trois Libres de Couleur et un engagé indien.

La défense, elle, fera entendre 17 autres témoins, tous des Blancs, à l'exception sans doute de deux Libres de Couleur.

Ce procès se déroule au moment de l'application d'une nouvelle loi sur l'esclavage mais les faits, eux, se sont produits pendant que les autorités, locales et nationales, débattaient de l'esclavage, de son évolution, de transitions possibles vers une émancipation à moyen terme. Cela en décalage total avec ce que vivaient sur les habitations, au quotidien, les esclaves.

Cette affaire Morette n'est pas extraordinaire par les faits eux-mêmes mais parce qu'elle fournit une documentation exceptionnelle : plus de 700 feuillets sont ainsi consultables aux Archives Départementales de La Réunion[2]. Ces documents portent aussi bien sur les interrogatoires des différents protagonistes avec en particulier les premières auditions des témoins esclaves, puis leurs interrogatoires, que sur les rapports des différents

---

[1] Les termes Blanc, Cafre, Créole, Malgache ou Indien sont utilisés dans leur acceptation à l'époque des faits.
[2] ADR 2U79 et 122W447. L'arrêt de la cour d'Assises ne se trouve qu'aux ANOM, 6 DPPC 2896.

médecins chargés d'examiner les victimes de Morette. Les notes, griffonnées bien souvent, du juge d'instruction ou du procureur du Roi dans la préparation de leurs interventions lors de l'instruction puis dans le déroulement du procès sont riches d'enseignement sur le positionnement de l'appareil judiciaire à cette époque précise.
A l'opposé, les sources sont plutôt légères concernant la défense.

Il s'agit dès lors, non pas de rechercher les sources mais de les vérifier, de les replacer dans le contexte pré-abolitionniste et de donner une grille de lecture permettant de comprendre une réalité, parfois fantasmée, souvent niée, sur le quotidien des esclaves dans les habitations et sur le régime disciplinaire qui réglait le moindre moment de leur existence.

Cette richesse des documents permet d'aborder différents aspects de leur vie à cette époque, les relations entre Blancs de différents niveaux, celles des esclaves issus de groupes ethniques variés ainsi que les rapports avec les premiers engagés arrivés au début des années 1840, Africains ou Indiens sur cette propriété.

On découvre également la nature des relations entre hommes et femmes, selon leur statut, Libres, esclaves ou engagés.

Mais ce qui ressort de ces centaines de pages d'archives, c'est d'abord, et surtout, la déviance, la perversité, l'inhumanité de certains Libres, propriétaires ou régisseurs.

Le fouet, sous différentes formes, est l'instrument privilégié, ordinaire, commun, de la domination sur les esclaves afin de les assujettir. D'autres formes de violence apparaissent mais la fustigation, la flagellation, sont incontestablement la base du système esclavagiste pour se maintenir.

Germaine va en mourir, de même qu'André, Vincent et Jean Marie, sur cette propriété dans les Hauts de Saint-André. D'autres esclaves en seront marqués à jamais ici et ailleurs, sur l'île Bourbon comme dans les autres espaces coloniaux français, comme dans les autres sociétés esclavagistes.

Tous les propriétaires d'esclaves ne fouettaient pas à mort leurs esclaves, un de leurs biens, avec la terre, les plus précieux, mais tous basaient leur domination sur l'usage du fouet. Cet ouvrage présente donc cette histoire ; il la raconte en croisant les formes d'écriture. D'abord des documents d'archives soit intégraux, soit partiels comme le long réquisitoire de Massot, juge d'instruction, pour le renvoi de Morette en Cour d'Assises, sont proposés. La clarté dans l'exposé des faits reprochés et dans l'historique des évènements ne justifie pas une autre écriture paraphrasant ces documents. La structure répétitive des interrogatoires entraîne certes une certaine redondance dans les réponses mais leur force de suggestion et d'information est suffisamment forte[3] pour justifier leur présentation.

Il a été choisi ensuite de proposer la perception et le vécu des esclaves décédés, donc sans témoignages devant la justice, à travers plusieurs récits de fiction mais basés sur des faits confirmés par l'instruction. Enfin, le travail d'historien impose de mettre en perspective les différents éléments attestés, de les analyser également dans leur non-dit et de proposer une compréhension particulière de cette histoire.

Germaine décède en janvier 1845, son enfant quelques mois après ; le procès de Morette se terminera un an et une semaine plus tard.

---

[3] Pour la facilité de lecture, l'orthographe de certains mots a été corrigée de même que la ponctuation.

Phémie

Phémie s'en va,
Ses pieds nus soulèvent la poussière
Elle court dans le matin
La lune pas encore partie
Eclaire son chemin

Phémie s'en va toujours
Elle ne veut pas de la corde
Elle ne veut pas de la pioche
Elle s'en va pour l'amour

Elle veut son bien-aimé
Il est là-bas sur le rivage
Phémie court
Ses cheveux tressés lui fouettent le visage
La sueur coule sur ses mollets

Phémie court, elle rit
Elle sent déjà ses bras
Envelopper sa taille
Sa bouche se poser sur sa bouche
Ses caresses guériront son dos mutilé

Phémie ne veut pas de l'odeur aigre
De l'homme blanc
Elle goûtera à la sueur poivrée
De son bel amant

Phémie s'enfuit
Elle s'en va vers lui
Elle se couchera près des galets
Et son ventre portera son aimé

Le chant des vagues
Couvrira ses cris de volupté
Elle l'aura en elle
Et sera sa moitié

Plus fort que la corde pliée
Sera sa liberté

Phémie court
Mais elle est rattrapée
Son dos sur la roche
Est strié
Ses cris d'amour sont étouffés
Pendant que la douleur
Lui arrache la chair
Phémie sait qu'elle veut encore courir

Elle veut courir vers son aimé
Elle veut le retrouver
Elle l'enfermera dans ses bras
Lui gazouillera des mots doux
Et quand le soleil éteindra
Sa lumière au loin
Il léchera ses cicatrices
Et allumera le feu
Dans sa chair
Plus brûlant
Que celui de la corde pliée
Qui la brutalise

Phémie court…

Paroles de commandeur
(Hyppolite, Créole, 40ans, commandeur, à M. Deroland)

« *M. Morette mène les noirs à coups de fouet ; il fait donner pour les fautes légères 10 coups et 20 et 25 pour les fautes plus fortes, et 30 pour les fautes les plus graves. Les fustigations sont administrées quand on se trouve sur la plateforme sur une roche qui est devant la forge ; le patient est tenu par quatre hommes et un cinquième se place sur son col ; les coups sont donnés avec une corde de la grosseur de mon pouce et ployée en deux ; quand la fustigation est administrée sur l'habitation, on fait coucher le noir par terre. Tous les matins, il y avait deux ou trois noirs de fustigés sur la roche ; celui qui manquait à un appel avait 10 ou 15 coups, celui qui avait manqué une corvée de manger de cheval 20 ou 25 et celui qui avait manqué deux appels ou une journée entière en recevait 30. C'était Cotte et moi qui administrions ces fustigations et quand M. Morette trouvait que nous ne frappions pas assez fort, il tombait sur nous à coups de pieds et à coups de poings. Quand M. Morette venait voir la bande sur les travaux, il battait ou faisait battre les noirs avec la corde, sans motif et que les travaux allassent vite ou lentement. C'est un homme qui ne peut pas se passer de battre. Les malades étaient mis au bloc et faisaient comme ils pouvaient pour satisfaire leurs besoins. Il fallait être très malade pour être mis dans la chambre de l'hôpital. Ceux qui étaient bien malades recevaient du cange[4] et un peu de manger de la grande case mais pas de vin. En définitive, les malades n'avaient pas grand-chose et on se contentait de les enfermer au bloc ou dans la chambre de l'hôpital. Je n'ai pas été fustigé sur la roche parce que j'étais commandeur et que M. Morette avait un peu d'égard à cela mais il me donnait toujours des coups en marchant quand il venait voir ma bande, ce qu'il faisait tous les jours.*

---

[4] Sorte de bouillie de riz, de maïs ou de manioc.

Les marrons[5] *qui revenaient recevaient une fustigation de 30 coups sur la roche avec la corde en double. Ils étaient enchaînés et étaient mis au bloc tous les soirs pendant six mois, jamais moins. On donnait aux marrons un noir pour surveillant et s'il allait de nouveau en marronnage, le surveillant était enchaîné au bloc jusqu'au retour du marron.*
Germaine était gardienne de poulailler. Je ne l'ai jamais vue battre mais j'ai su par les noirs de case qu'elle recevait des fustigations toutes les fois qu'il manquait ou qu'il mourait des volailles ; c'était Philogène et Agénor qui les lui administraient par ordre de M. Morette. C'était toujours 30 coups qu'on lui donnait en la faisant coucher par terre et la robe levée.
M. Morette ne faisait jamais donner moins de 30 coups toutes les fois qu'il s'agissait d'objets perdus ou volés. Cette négresse était cependant malade et nourrice. Elle recevait tant de coups qu'elle finit par se réfugier à St Denis où elle ne tarda pas à mourir. J'ai entendu dire aussi que M. Morette la frappait lui-même.
Vincent était un noir de ville, n'ayant pas l'habitude de la pioche ; il était bien portant à son arrivée sur l'habitation mais il n'avait pas beaucoup de cœur à l'ouvrage ; aussi était-il très souvent fouetté. Ce noir n'était réellement pas capable de supporter les travaux de l'habitation. On s'obstinait cependant à le conduire sur les travaux ; il ne tarda pas à dépérir et à tomber malade ; il restait deux jours à l'hôpital au bloc, on le conduisait ensuite sur les travaux et comme ses forces n'étaient pas revenues, M. Morette le faisait fouetter de nouveau. Vincent finit par se refuser à marcher et un jour, comme on voulait l'emmener à l'ouvrage après lui avoir fait administrer sur la roche une fustigation de 20 coups de corde en double, on fut obligé de l'y conduire de force en le faisant soutenir par deux noirs. Vincent n'avait réellement pas la force de marcher ; arrivé à l'habitation, il se laissa tomber par terre. M. Morette lui fit alors donner des coups de fouet sans compter et "tape toujours" disait-il. C'est moi qui ai exécuté cet ordre. Vincent fut

---

[5] Esclaves qui s'enfuyaient de la propriété et se réfugiaient dans les hauteurs de l'île ou dans les cirques. Ce terme est utilisé dans bien d'autres territoires où sévissait l'esclavage.

alors emmené à l'hôpital où il fut mis au bloc et mourut environ deux semaines après. Il n'a été retiré du bloc qu'un instant avant de mourir et au moment où ses yeux blanchissaient et où ses membres commençaient à se raidir. J'étais là et j'ai vu ce que je vous raconte. M. Morette était aussi présent. Vincent est mort presque dans la main de ceux qui l'ont ôté du bloc. (Ici nous faisons observer au témoin l'importance et la gravité du fait qu'il vient de raconter ; nous lui rappelons son serment et nous l'engageons à réfléchir sur ce qu'il vient de dire).
Le témoin nous répond qu'il a juré de dire la vérité et que tout ce qu'il vient de raconter au sujet de la mort de Vincent est vrai et qu'il ne dit que ce qu'il a vu. Il continue ainsi :
Jean Marie était aussi un noir de ville, un jeune créole, c'était un colosse. Le jour de son arrivée à l'habitation, il partit marron. Il ne fut arrêté qu'au bout de 3 mois ; il ne tarda pas à se sauver de nouveau ayant reçu à son arrivée une fustigation de 30 coups sur la roche. Son second marronnage dura quatre mois. Le noir Hercule qui était son gardien fut mis tous les soirs au bloc pendant quatre mois. Jean Marie, de retour de son second marronnage, reçut une autre fustigation de 30 coups sur la roche. Depuis ce moment, il fut mené pareil et constamment battu. Il dépérit bientôt, alla plusieurs fois à l'hôpital, toujours au bloc et finit par mourir. Quand il est mort, il avait encore les fers au col et le pied au bloc. Je l'ai vu dans cet état.
Je suis persuadé que Vincent et Jean Marie ne sont morts que par suite des mauvais traitements qu'on leur a fait subir.
André était un vieux noir créole ancien commandeur. C'est lui qui le premier a essuyé la brutalité de M. Morette. Il avait mal rendu son compte pour des charretées de cannes. M. Morette le fit coucher par terre et lui fit donner cent coups avec des baguettes de bois de pêche, grosses comme le doigt.
C'est moi qui ai donné cette fustigation par ordre et en la présence de M. Morette. J'ai bien cassé sur André une dizaine de ces baguettes pour arriver aux cent coups. Dès ce moment, André fut comme abruti. M. Morette ne pouvait pas le sentir et le bourrait de coups de poings et de coups de clefs. André se plaignait de douleurs à l'estomac et aux côtés ; il finit par aller à l'hôpital où il fut mis dans la chambre ; il est mort de flux de sang deux semaines après son entrée à l'hôpital.

J'ai entendu parler de ce qui s'est passé une nuit dans la case d'Adèle et des coups que M. Morette aurait donnés à cette négresse, à sa fille Modeste et à Manuel mais je ne sais rien de tout cela par moi-même.
Lespérance était aussi un noir de Saint-Denis : impropre aux travaux d'habitation, il était par conséquent très souvent fouetté sur la roche ; il a fini par se sauver à Saint-Denis mais il n'est pas à ma connaissance qu'il ait été perclus par suite des coups qu'il aurait reçus. Il n'en a pas reçu en définitive plus que les autres noirs de l'habitation car ils étaient tous à peu près traités de même. M. Morette ne connaissait que les fers et le fouet.
Depuis que M. Camin a défendu de donner le fouet, nous avons peu de marrons ; il n'y en a pas dans ce moment plus de trois tandis qu'avant cette défense, nous en aurions toujours 20 à 25.
A l'exception de la correction donnée à André, on n'a jamais donné plus de 30 coups.
Depuis que le fouet est supprimé sur l'habitation, M. Morette met les noirs en prison et au bloc et je ne l'ai pas vu toucher un noir.
La pipe était défendue ; quand M. Morette surprenait un noir fumant, il le faisait mettre au bloc.
Si un noir n'était pas rasé le dimanche ou si sa pioche n'était pas bien repassée, M. Morette lui faisait donner 30 coups de fouet sur la roche. J'ai plusieurs fois administré cette correction pour ce sujet sur ordre de M. Morette.
Le repassage des pioches commençait à la fin de la corvée du matin, c'est-à-dire après neuf heures, et faisait perdre le dimanche à une partie des noirs parce qu'il n'y avait qu'une seule meule. Cela durait souvent jusqu'à 4 heures du soir et à 5 heures, il fallait prendre la corvée pour aller au manger des animaux.
Demande : Lorsque M. Camin est allé à l'habitation à la fin du mois, ne vous a-t-il pas appelé dans sa chambre avec d'autres noirs ?
Réponse : Oui, nous étions dix-neuf, il nous a dit que nous serions appelés à la mairie et d'y descendre quand on nous ferait demander.
D : Ne vous a-t-il pas fait d'autres recommandations ?
R : Non, monsieur.

D : N'auriez-vous pas à cette occasion, vous ou les autres, reçu de l'argent de M. Camin ?
R : Non monsieur.
Plus n'a déclaré .... »

Les personnages principaux du drame

Ils sont cinq, à savoir Morette, le régisseur, Camin le propriétaire, Germaine, l'esclave dont le décès entraîne indirectement le procès, Hyppolite, un commandeur de l'habitation, et Modeste, une jeune esclave créole qui concentre sur sa personne toute la perversité du régisseur.

Ils sont mis en avant dans l'instruction et le déroulement du procès car ils incarnent à des titres divers la complexité de la société réunionnaise.

Henry Morette est un Créole né vers 1799 à Saint-Denis et qui, comme le rappelle le juge d'instruction, va travailler sur différentes propriétés en tant que régisseur. En 1828 il est engagé chez M. Manès, grand propriétaire, et possède sur son propre emplacement quatre esclaves dont un dit « marron ». Il se marie en janvier 1832 avec Antoinette Esparon avec qui il aura dès octobre de la même année une enfant qui décèdera très tôt puis, entre 1835 et 1849, cinq autres enfants. Ayant acquis une petite propriété sur la commune de Sainte-Marie, il aura à cette date neuf esclaves dont trois présents depuis 1828. En raison du décès d'un enfant esclave en bas-âge, son nombre d'esclaves se maintiendra jusqu'à l'abolition au nombre de huit.

Dans ses notes préparatoires, le procureur du Roi Barbaroux s'attarde sur le caractère et la personnalité de Morette tels qu'ils apparaissent à travers ses différents emplois.

En juin 1842, sur recommandation de Manès père et de Benjamin Vergoz, il est embauché comme régisseur de la propriété Deroland par M. Camin qui la possède en antichrèse[6].

Son contrat, d'une durée de onze années selon lui, prévoit un traitement annuel de 5000 frs, qu'il sera logé et servi, qu'il utilisera pour lui-même les produits du verger et qu'il pourra faire de l'élevage pour son seul bénéfice. C'est ainsi qu'il aura un

---

[6] L'antichrèse est une garantie immobilière demandée par une personne A (créancier) à une personne B (débiteur) pour garantir que B va correctement exécuter les obligations dont il a la charge (souvent B doit de l'argent à A). Le terme antichrèse a été supprimé par la loi n° 2009-526 du 12 mai 2009.

poulailler important ainsi que plusieurs cochons sur cette propriété. Camin lui abandonne en réalité la gestion totale et l'administration de cette habitation sur laquelle se trouvent également deux sous-régisseurs, Léonce Cadenet et Désiré Marie, tous deux des Blancs.

Sur la demande de Morette, le nombre d'esclaves va augmenter, Camin achetant une vingtaine de noirs de marine et une vingtaine d'autres esclaves. De plus, une trentaine d'engagés africains et Indiens sont recrutés, parmi les premiers sur l'île. Ces derniers sont officiellement des hommes libres.

Morette va souvent se plaindre, d'abord du manque de bras pour travailler la canne, puis, après les différents achats réalisés par Camin, de la qualité de ce recrutement. Il soutiendra que les noirs de marine, habitués à la vie à Saint-Denis dans des activités maritimes sont inadaptés aux travaux des champs ; il se plaindra également du recours aux engagés qui, en raison de leur statut, ne peuvent être fouettés ou mis aux fers.

Dans ses notes pour le réquisitoire, le procureur esquisse une représentation physique de Morette ; il indique que son attitude aux débats est presque menaçante, que sa figure se caractérise par des traits carrément dessinés, annonçant énergie et profonde instabilité. Se basant sur les témoignages des Blancs, il recense les différentes perceptions du personnage.

M. Manès, son ancien employeur, le décrivait comme très modéré et respectable et n'envisageait pas de la cruauté mais plutôt une violence de caractère, alors que d'autres témoignages soulignent son mauvais caractère, coléreux, emporté et frappant volontiers trop fort les esclaves. M. Deroland le jugeait très emporté et fort susceptible, expliquant qu'il n'allait que rarement sur l'habitation, qui lui appartenait toujours officiellement, afin de ne pas irriter Morette.

Lors d'un conflit, le commissaire de police de Saint-André qui refusait, conformément à la loi, d'emprisonner des engagés que Morette trouvait peu travailleurs ou malades, eût à subir le courroux de Morette qui lui déclara ne pas avoir à recevoir les avis d'un commissaire de police sur sa gestion des engagés.

Le sous-régisseur Cadenet avec qui les relations furent très violentes déclare qu'il n'était jamais de bonne humeur. Morette lui proposera un jour un duel aux poings afin de trancher dans ce qu'il croyait être un conflit de possession d'une esclave, Modeste. Toutes les remarques ou objections des sous-régisseurs étaient systématiquement rejetées.

Pour le procureur, son amour est aussi redoutable que sa haine, sa femme, Germaine, Modeste, nous le verrons, connaîtront les deux facettes.
Selon les esclaves interrogés, ils avaient si peur de Morette que bien souvent ils n'osaient pas se plaindre. Quand un jour se passait sans coups de fouet, ils considéraient que c'était une bonne journée. Ce quotidien des esclaves, rythmé par le travail, le fouet et les brimades systématiques apparaîtra dans toute sa dimension à partir de leurs témoignages.

Adolphe Camin, dont le rôle est essentiel dans la genèse et le déroulement de l'affaire Morette, est un personnage relativement complexe. S'il apparaît dans les premières présentations comme un propriétaire affable, soucieux du bon état, plus que du bien être, de ses esclaves, il est indispensable de le resituer dans l'histoire des Blancs de l'île mais également dans celle de la France.
Né dans un village du Finistère à la fin du 18ème siècle, il est le fils d'un médecin de Nantes. Son frère, Emile, plus jeune, sera un des héros des Trois Glorieuses, version nantaise. Il sera l'une des dix victimes tuées lors des affrontements et des émeutes qui faisaient écho à ce qui se déroulait à Paris et devait entraîner la chute de Charles X. C'est la même année qu'Adolphe quittera la métropole pour venir à Bourbon avec sa femme. Un autre frère ainsi que deux de ses sœurs plus âgées, arrivent à la même époque à Bourbon. Il apparaît que la quasi-totalité de la famille a alors fui la région nantaise. Négociant, armateur, il semble avoir fait fortune tout en se tenant à l'écart du monde politique de la colonie.
Dès 1842, il crée une société de pêcheries et exploite les ressources des îles Amsterdam et Saint-Paul, au sud de Bourbon. On estime à 40 000 les poissons séchés qui furent vendus annuellement sous le nom de « *Morues de la mer des Indes* » ou de « *bonne morue de Saint-Paul* ». C'est à ce titre qu'il est brièvement mentionné par Jules Vernes dans son roman « *Les aventures des enfants du Capitaine Grant* », écrit en 1868.

Les navires consignés par Camin se rendent aussi bien à Nosy-Bé ou Sainte-Marie à Madagascar pour en rapporter du riz, des girofles ou du bois qu'à Nantes pour en revenir chargés de mules, ou qu'à Pulo Penang, au Nord-Ouest de la Malaisie, pour aller chercher du riz mais également du rotin et, comme en 1844, 76 laboureurs indiens, c'est-à-dire des engagés. Cela explique la présence « précoce » de travailleurs engagés sur les propriétés qu'il gère.

En sa maison de Saint-Denis où il réside ordinairement, il recense en 1844, parmi ses domestiques libres, Ramassamy, blanchisseur âgé de 25 ans, Indien arrivé le 28 janvier 1844, et Abdoulkader, cocher de 23 ans, sans doute de la même origine, arrivé sur l'île le 24 juillet 1843. Parmi ses esclaves au nombre de quatre, on doit relever les appréciations de couleur qu'il attribue à chacun d'entre eux.

Alors que d'ordinaire les propriétaires indiquaient comme qualificatif de couleur noir, clair, brun, parfois rouge ou bleu, Camin donne des précisions assez curieuses. Ainsi Auguste, esclave créole de 30 ans, est dit « *charbon de terre* », Pierre Louis, créole de 26 ans, « *bois d'ébène* », Macois, cafre de 49 ans, est déclaré « *chauve-souris* » et Jean, créole de 32 ans, « *noir animal* ». L'année suivante, recensant 38 esclaves de plus, il qualifiera ses quatre domestiques de « *noir* ».

En 1831, il prêta à la famille Deroland une importante somme d'argent que cette dernière devait à la famille Bédier depuis 1816, date de l'acquisition de la propriété du Bras des Chevrettes. En garanti de ce prêt, cette habitation fut mise en antichrèse, avec durant une dizaine d'années une gestion par un des fils Deroland. Après la mort de ce dernier, Camin reprit la direction de cette propriété en 1841 et en confia la gestion à Henry Morette.

Les cyclones de 1830 et 1831, la crise du sucre à la même période participèrent à la ruine de nombreux propriétaires surendettés. Deroland en faisait partie.

Ce sont les plaintes déposées par certains esclaves devant la justice, puis celles d'engagés et enfin le décès de Germaine qui vont modifier ses relations avec Morette.

Le 30 juillet 1842, lors du premier mois de présence de Morette, une plainte est portée par l'esclave Clovis contre Désiré Marie, sous-régisseur, responsable de la sucrerie, dont le procureur notera qu'il fut choisi et formé par Morette. Cet esclave se plaint d'une correction violente, de coups de manche de chabouk. Désiré Marie, non poursuivi mais averti sévèrement d'après le procureur, fera l'objet d'une autre plainte, le 8 novembre par Mars, esclave « *cruellement maltraité, ayant reçu une correction immodérée, entraînant une incapacité de travail de 15 jours, avec des plaies sur le dos, sur une main, au coude, une vaste plaie sur les 2 côtés du siège, menacé de tétanos* » Un médecin extérieur estimera à 30 jours le temps nécessaire à la guérison, celui de l'établissement, M. Legras à 15 jours seulement. Cette limite dans le temps d'incapacité épargnait à Désiré Marie une condamnation trop lourde puisqu'il ne fut condamné qu'à 101 francs d'amende.

Le 18 novembre 1842, dans un courrier à Camin, Morette soutient ce sous-régisseur :

« *Le 5 de ce mois, M. Désiré a arrêté votre noir Mars avec un vol de 25 livres de sucre, auquel il a fait donner 15 coups de fouet. Ce noir a continué ses travaux accoutumés jusqu'au 10 sans se plaindre de cette correction ; mais ce jour là, ayant rencontré quelque canaille qui nous environne et qui font tout ce qu'ils peuvent pour nous nuire, l'a conseillé d'aller se plaindre à la police où il a été parfaitement accueilli car la police de St André ne protège nullement l'homme de peine qui a plus d'envieux que d'admirateurs. Ce noir est à St Denis à vous prendre du temps. Cet état de chose est tellement contre l'ordre que j'ai établi que j'ai été dans l'obligation de requérir le Commissariat de Police pour fustiger les récalcitrants.* »

Lors de son interrogatoire trois ans après, Morette prétendra que cette correction fut donnée à son insu. Il semble que Désiré Marie ait été un beau-frère de Morette. Arrivé sur l'habitation le même jour que Morette, il n'y restera que quelques mois. Dans son témoignage, il indiquera que ce n'était pas lui mais un esclave qui avait fouetté Mars et qu'il avait ordonné cette sanction par ignorance.

Mars est présenté comme celui ayant le plus souffert du fouet et du bâton. Le compte rendu d'examen par le médecin en septembre 1845 est effarant, trois ans après les premiers sévices : « *Le nommé Mars, cafre âgé de quarante ans, porte sur le dos de nombreuses cicatrices profondes ; ses fesses présentent des saillies nombreuses, résultat de coups de fouet appliqués aussi depuis longtemps ; sur le bras gauche et sur la poitrine existent aussi des cicatrices nombreuses ; sur la pommette droite, je vois encore une petite plaie cicatrisée, linéaire, oblique de haut en bas, d'arrière en avant. Ce noir a reçu des coups de fouet et de bâton à plusieurs reprises et en grand nombre.* »
La première plainte concernant directement Morette est portée dès le mois d'août 1842 par Phémie, esclave créole de 24 ans, pour « *mauvais traitements* ». Comme Germaine, elle venait d'être achetée par Camin à un propriétaire en faillite, M. Saint-Marc. Non seulement sa plainte est rejetée mais de plus elle sera fouettée pour dénonciation calomnieuse. Lors de sa plainte, il est constaté une affection syphilitique et un ulcère fistuleux à la cuisse, ce qui la rendrait boiteuse ; envoyée cependant au travail, elle serait restée en arrière ce qui lui vaudra des coups qui envenimèrent son ulcère. Elle ira se plaindre à Camin qui choisira de se porter garant de Morette à qui elle sera rendue. Elle recevra alors vingt coups de fouet et subira une peine de deux mois de chaîne.
Lors de chaque plainte d'esclaves ou d'engagés, Camin va soutenir Morette et ne pas donner de crédit aux plaintes des esclaves ou des engagés.
Dans le cas de Phémie, on fera témoigner les esclaves de l'habitation qui tous, unanimement, d'après les courriers au procureur du Roi, déclarent que cette plainte est mensongère, « *que cette négresse est en outre un mauvais sujet livré à la paresse et au marronnage* », ceci certifié par la mairie de Saint André. Phémie était en effet partie trois fois marronne depuis son arrivée à Saint-André. Il est indiqué également que son ancien maître a déclaré que la blessure à la cuisse, que cette dernière prétend avoir été causée par Morette, n'est que la cicatrice d'une opération faite par un docteur pour crever un abcès, lequel aurait dégénéré en fistule.

Camin écrira, le 10 mars 1843 pour réclamer « *la négresse afin de la faire conduire et corriger sur l'habitation.* »
Le 13 juin 1843, moins d'un an après sa prise de fonction, une autre plainte est déposée à la police de Saint-André contre Morette pour « *traitements barbares et inhumains* » envers cinq esclaves de l'habitation : Atys, Auguste, Lespérance, Minette et Songor. Ces esclaves dénoncent également les mauvais traitements subis par Vincent. Ce dernier démentira ces propos, il décèdera peu après. Le procureur, dans ses notes, écrit en marge : « *le malheureux !* »
Camin déclarera ne pas avoir vraiment été informé de cette plainte, les esclaves s'étant adressés directement au procureur.
Lors de leur plainte, une lettre envoyée le 21 juin 1842 précisera que « *parmi les plaignants les uns ne portent que des traces légères d'anciennes fustigations, les autres n'en portent point. Quant à Vincent, il ne porte que deux cicatrices remontant à plusieurs mois et il n'est comme les autres plaignants que depuis deux mois sur l'habitation. Il a déclaré lui-même n'avoir reçu que deux corrections à quelques jours d'intervalle, l'une de 30 coups de corde, l'autre de 5. Les plaignants sont en subsistance à la geôle à la disposition du Procureur Général.* »
Ces cinq esclaves seront renvoyés sur l'habitation, corrigés de 20 coups de fouet et mis au bloc tous les soirs et les dimanches pendant un mois.
La peine du bloc qui immobilise et isole les noirs est présentée souvent comme bien plus efficace pour la discipline des habitations que le fouet car elle prive les esclaves d'un espace de liberté, la nuit et le dimanche, jour théoriquement non travaillé.
Camin, lors de sa première audition, reconnaîtra ne pas avoir écouté les esclaves lors des premières plaintes, pensant qu'ils ne disaient pas la vérité. L'esclave a toujours tort, forcément tort.
En 1844, on relève une plainte pour « *séquestration illégale* » déposée par des engagés africains, Félix, Antoine, Salim et Léopold ainsi que pour des coups portés à ces mêmes engagés. Morette, à ce moment, niera mais dans un courrier ultérieur à Camin il reconnaîtra partiellement les faits. Le procureur, dans ses notes, indique qu'il les avait « *souffletés, fouettés et mis au bloc* », ce que la loi lui interdisait.

Comme dans le cas de Phémie, les esclaves interrogés sur cet évènement soutiendront Morette. Leur choix était limité et si lors du procès ils témoignent librement, cela est dû uniquement au soutien de leur « maître », Camin, à l'origine des accusations contre Morette.

A l'occasion de la plainte des engagés, celui-ci écrira à Camin : *« Je retire à l'instant les deux noirs Salim et Amis du bloc de St André où ils sont allés se plaindre de nouveau et toujours demander de l'argent ; après réflexion faite, dites-moi dans le plus bref délai si je dois leur donner de l'argent, les dimanches ou non et si je puis les mettre au bloc ou en prison quand il y aura motif d'insubordination afin de ne pas compromettre leur dignité de citoyen. »*

En 1844, alors que le cas de Germaine est mis en avant, Camin dit, puis écrit, à Morette, qu'il lui interdit dorénavant de fouetter les esclaves car il ne contrôle pas sa violence.

Dans un premier temps, Camin déclarera avoir enjoint Morette de lui envoyer Germaine pour qu'elle soit soignée à Saint-Denis. Ce dernier lui ayant répondu que s'il accédait à sa demande, cela mettrait le désordre parmi les esclaves, il n'insista pas. Dans le même courrier, Morette lui rappelait que le sous seing privé passé entre eux lors de son recrutement précisait qu'il avait toute latitude dans sa gestion de la propriété.

Les courriers entre les deux hommes vont progressivement confirmer les mauvaises relations qui se sont instaurées entre eux, alors que, comme le déclare Camin, il lui fallait un second lui-même pour gérer la propriété et qu'il croyait l'avoir trouvé avec Morette.

La dégradation de la santé de Germaine, puis son décès, vont conduire Camin à intenter un procès au civil pour rompre le contrat passé avec Morette, en argumentant sur la mauvaise gestion humaine de ce dernier. Ce sont les témoignages recueillis lors de ce procès qui vont pousser les magistrats à ouvrir une information sur le comportement et les actes de Morette.

A partir de cet historique, le procureur du Roi s'interrogera sur les motivations de Camin, déclarant que la philanthropie n'apparaît pas comme sa première qualité et qu'il semble n'avoir utilisé l'arme du procès au pénal que pour gagner son procès au civil. Il écrira notamment :

« *Je regrette que cette affaire se soit soulevée à l'occasion d'un procès civil entre les sieurs Camin et Morette, son régisseur.*

Car cette circonstance tendrait à prouver que lorsque le Sieur Camin a si vivement défendu le Sr Morette contre lequel des plaintes graves d'esclaves s'élevaient, il ne lui a été bienveillant qu'aux dépens de la vérité. »

Les décisions de la Cour Royale de Bourbon, en chambre civile en décembre 1845, quelques jours avant l'ouverture du procès aux Assises, vont désigner Camin comme coupable de rupture de contrat et le condamner à indemniser Morette à hauteur de 5000 frs.

Enfin, l'étude des âges des esclaves achetés par Camin pour « enrichir » la propriété de Saint-André indique qu'il a eu recours à des esclaves victimes de la Traite Illégale, c'est-à-dire arrivés après 1817. Lui-même étant arrivé en 1830, époque où l'interdiction de la Traite fût davantage appliquée, cela ne permet pas de l'impliquer avec certitude dans la traite clandestine.

Le terme de « *noirs nouveaux* » utilisé à plusieurs reprises par le procureur concernait à cette époque aussi bien des esclaves arrivés après l'arrêt officiel de la Traite que des engagés africains.

La société de négoce de Camin semble avoir été mise en faillite vers la fin de l'année 1845. Dès le mois d'octobre, il « hypothèque » une trentaine des esclaves de Saint André en garantie d'un prêt qu'il ne pouvait pas rembourser. Cela est confirmé dans divers arrêts de la Cour Royale en octobre 1846 prononcés contre « *Les Syndics de la faillite A. Camin* ». La société de pêcheries cessera ses activités vers 1852. Lui qui espérait sans doute, comme le procureur, que le procès ruinerait Morette, sera victime de ses investissements. Les procès au civil vont se multiplier pour Camin et il les perdra à peu près tous, ayant des dettes qui semblent très importantes.

Germaine est évidemment un personnage central de l'affaire Morette et du procès, même si elle n'assistera pas à ce dernier, étant décédée en janvier 1845.
Cette esclave créole est née vers 1827 ; il n'est pas possible de remonter son histoire familiale, les registres paroissiaux étant

rares pour les baptêmes ou les décès d'esclaves. Quand ils existent, ils omettent souvent d'indiquer les ascendants.
Ne faisant pas partie de la propriété Deroland, elle arrive à l'occasion des achats d'esclaves faits par Camin en 1842 pour développer l'habitation de Saint-André. Elle serait donc née sans doute à Saint-Denis ou à Saint-André, son premier propriétaire, Saint-Marc, ayant des propriétés dans les deux communes.
Selon les témoignages, la vie de Germaine n'est pas dépeinte exactement de la même façon, sauf pour ce qui concerne les diverses tortures qu'elle a endurées.
Sans être antagonistes toutefois, les données sur sa vie affective diffèrent.
Selon plusieurs esclaves, elle était la compagne de Jolicoeur, esclave malgache de 37 ans qui déclarera qu'il vivait avec Germaine. Selon le procureur, elle fut achetée en même temps que lui et au même propriétaire, ce qui indique qu'ils devaient vivre ensemble avant leur arrivée à Bras des Chevrettes. D'après Morette, en raison de son mauvais état de santé, elle ne valait pas très cher. Il ajoutera qu'il lui avait confié la responsabilité du poulailler pour la ménager et protéger son enfant « *de l'injure du temps et d'autres travaux* ».
On sait qu'elle était nourrice, c'est-à dire qu'elle donnait le sein à son enfant, Zélia, née le 7 novembre 1843. Jolicoeur n'en parle pas comme de sa fille mais la manière dont sont menés les interrogatoires ne permet sans doute pas aux esclaves de parler très librement de leur vie intime. Il déclarera cependant que Germaine est partie un jour, sans prévenir personne, pour se rendre à Saint-Denis avec son enfant. Il décrit également les coups de fouet quotidiens reçus par cette esclave, ses mises au bloc de l'hôpital tous les soirs ainsi que la maladie qui la touchait.
Léonce Cadenet, lors de sa première audition en septembre 1845, va déclarer qu'à sa connaissance, lors de l'arrivée de Morette sur l'établissement, ce dernier avait beaucoup d'égards pour Germaine avec laquelle, pense-t-il, Morette vivait et que ce n'est qu' « *après les couches de cette négresse* » qu'il l'a maltraitée.
Dans l'acte d'accusation établi par le procureur du Roi, il est précisé que Germaine avait été la maîtresse de Morette et

qu' « *elle était devenue tout à coup pour lui un objet de haine et de dégoût* ».

Enfin, Crescent, esclave créole de 40 ans, déclarera dans son audition du 12 août 1845, que Morette « *avait eu des accointances avec Germaine, voulait encore jouir de cette femme pendant qu'elle était nourrice, mais celle-ci, dans la crainte de faire prendre du mauvais lait à son enfant, s'y refusait. De là le mécontentement du Sr. Morette.* »

Nous reviendrons sur le système de harcèlement et d'humiliation de Morette envers Germaine et les femmes en général, système basé sur la violence systématique et permanente à l'aide du fouet, de la corde, voire de « *sous ventrière* » de mulet.

Germaine est bien le symbole de souffrance des esclaves victimes de Morette, lui qui déclarait en parlant d'elle que « *c'est ma viande* », lui qui fût surnommé par les esclaves, « *Matavo* », celui qui mange les hommes.

Germaine était le plus souvent battue par Morette lui-même. Selon les humeurs de ce dernier, il se faisait parfois remplacer par Philogène, un esclave de l'établissement.

Dans ses notes, le procureur précise que Morette, après avoir abandonné cette femme, la fera « *mourir à petit feu* ».

Hyppolite est un commandeur de l'habitation. Créole de 40 ans à l'époque des faits, il va se trouver confronté aux contradictions imposées par son statut.

Homme de confiance de Morette, bien qu'esclave, il sera chargé régulièrement de fouetter les esclaves et de leur imposer le rythme de travail choisi par le régisseur. La perversité de Morette réside dans sa gestion du groupe des esclaves, en créant des antagonismes en son sein.

Cela est évident dans le rôle dévolu au commandeur en cas de fuite d'un esclave mis au bloc. C'est l'esclave chargé de le surveiller qui doit le remplacer en prison et cela tant que le marron n'est pas revenu de lui-même ou n'a pas été capturé par les forces de police. Souvent ce rôle de surveillant de marron sera attribué à un commandeur. La conséquence est le désir de vengeance de ce dernier envers l'esclave qui a causé sa mise aux fers.

Les brimades et les violences vont ainsi être provoquées par un régime de discipline pervers. L'audition de Lespérance détaille le processus :
« *Jean Marie était un gros noir bien portant, il fut également marron et fustigé comme Vincent. Depuis ce moment il fut très maltraité et constamment battu. Au moulin je l'ai vu frappé à coups de roche et à coups de marteau sur tout le corps et même sur la tête par Baptiste sous les yeux de M. Morette et quand Baptiste ne voulait pas le frapper, M. Morette donnait des coups de roche à celui-ci* […] *Il fut envoyé du moulin à l'habitation et comme il n'était pas bon pour le travail, il recevait beaucoup de coups. Un jour enfin le sang lui sortait par le nez, il fut envoyé à l'hôpital, il mourut au bloc.* »
Hyppolite reconnaît lors de son interrogatoire que c'est à la suite des flagellations qu'il a fait subir à Vincent et Jean Marie, sur les ordres de Morette, que ces deux esclaves sont décédés.

Le rôle de commandeur est donc complexe ; ainsi André, ancien commandeur de l'établissement, fut pourtant victime d'une forte correction par le fouet. Morette le frappait également à coups de poings, à coups de pied et aussi avec « *une grosse clé de magasin sur tout le corps* ». André mourut des suites de ces mauvais traitements.

Plusieurs esclaves avaient la fonction de commandeur, aussi bien des hommes, comme Hyppolite ou André, créoles, que Cotte, malgache, mais aussi des femmes comme Adèle qui était qualifiée par Morette dans son interrogatoire, « *comme le plus grand mauvais sujet de l'établissement. Elle est capable de tout pour une bouteille de rhum.* »

Le décès d'André, sous les coups de Morette, montre bien que le commandeur n'est nullement à l'abri des traitements inhumains et qu'avant d'être commandeur, il est esclave.

Selon le procureur, Morette aurait été blessé dans son orgueil parce que Deroland avait vanté les capacités d'André lors du passage de l'habitation sous l'administration de Camin.

Agé de 50 à 55 ans, ce qui à l'époque est déjà un âge avancé, André fut battu pour avoir mal géré le transport des cannes à sucre par des charrettes. Il fut fouetté, couché sur le sol, par l'esclave Zamor ; cette inversion des rôles ne pouvait être bien vécue.

« *Depuis ce moment André devint comme imbécile* » selon la déposition de Cadenet. Il reprit le travail après quatre mois passés à l'hôpital, mais les fustigations reprenant, il repartit à l'hôpital où il décéda le 22 janvier 1844.
Jeannot résume ainsi les relations entre André et Morette :
« *André était bon commandeur mais il ne frappait pas les noirs au gré de M. Morette qui lui disait : Ça ton frère, ça ta sœur et là-dessus lui donnait des coups de clefs au creux de l'estomac et de forts coups de bâton.*
Cela avait lieu toutes les fois que M. Morette venait visiter la bande. Enfin, il est entré à l'hôpital et il y est mort. »

Adèle était la mère de Modeste. Selon un témoin, elle aurait été la maîtresse de Morette dans un premier temps et Jean Baptiste serait né de cette relation. Ce témoignage est erroné, Morette arrive en 1842 sur l'habitation, Jean Baptiste est né en 1831. De plus, en 1853, Adèle se marie avec un ancien Libre de couleur qui légitime Modeste et Jean Baptiste. A noter que lors de cette union, Léonce Cadenet, le sous-régisseur témoin dans l'affaire Morette, sera également celui des époux.

Agée de 18 ans lors du procès, Modeste est une jeune femme créole qui aurait eu deux enfants de Morette. Elle accouche d'un fils, Elie, en 1843 et son deuxième enfant, né en 1845, décèdera quelques heures après sa naissance.

Dans ses notes, le procureur du Roi, Barbaroux, indique que selon l'esclave Gabrielle, dite la veuve Louis Marie, et qui faisait fonction parfois d'infirmière :
« *La tête lé mole, l'enfant se plaignait, était bleu ; elle savait bien qu'elle n'était pas à terme.* »
Modeste affirmera que l'accoucheuse ne lui avait pas dit que l'enfant était en danger et qu'à chaque fois qu'elle recevait des coups, elle venait le dire à Mme Louis, et qu'après qu'elle eût reçu un coup de clef, celle-ci lui avait juste tâté le ventre.

Les enfants mort-nés, ou décédés dans les premières semaines après leur naissance sont très fréquents à cette époque ; ce phénomène touche également le groupe des Blancs mais dans une moindre mesure.

Le juge d'instruction abandonnera l'idée de retenir le décès de cet enfant comme ayant été causé par les coups violents assénés par Morette à Modeste alors que celle-ci était enceinte d'environ cinq mois. Le médecin l'ayant examinée argumentera de la vie intra-utérine qui s'était poursuivie pendant plusieurs mois pour ne pas retenir, dans ses conclusions, un rapport entre les coups et le décès.

Modeste fut une des « maîtresses » de Morette. Sans doute protégée dans un premier temps, elle fut peu à peu objet de jalousie de la part de Morette. Dès lors, celui-ci se comporta avec elle comme avec d'autres femmes avec qui il avait eu des relations proches, Germaine, sans doute Phémie ; le fouet, les coups, les brimades devinrent ses moyens d'humiliation et de destruction.

Femme et esclave, c'est un peu la double peine qu'elles subirent.

Il est évident que dans le cas de Germaine et de Modeste, la violence s'exerce contre les mères, Morette semblant ne pas supporter l'état de grossesse ni l'état de nourrice des femmes esclaves avec qui il a des relations. Le procureur notera que, dégoûté de Modeste, il ne cesse de la battre.

Les différents témoignages s'accordent pour relater deux faits précis qui se passèrent début 1845.

Adèle habitait une petite case, sans doute en bois et couverte de paille, avec un « étage ». La pièce du bas était subdivisée en deux compartiments avec d'un côté le lit d'Adèle, qu'elle partageait parfois avec le chef des engagés indiens, Moutoussamy, et de l'autre le lit de Modeste. A l'étage sur le plancher, dormait Jean Baptiste le fils et occasionnellement Manuel, un jeune esclave désigné parfois comme créole ou malais.

Ipsilantis raconte ainsi que vers juin 1845:

« *Je suis un des noirs qui ont accompagné M. Morette dans la case d'Adèle. C'est moi qui gardais la porte. M. Morette avait un fanal d'une main et tenait un bâton de l'autre. Il est entré dans la case, a demandé Manuel et comme on lui répondit qu'il était couché au grenier, il leva les yeux et l'ayant aperçu, il lui donna plusieurs coups de bâton.*

Manuel tomba par terre et M. Morette continua de le frapper avec son bâton. Après cela il en donna également des coups à Adèle et à Modeste qui était chacune dans leur lit. Manuel eut

une blessure à la tête et fut mis aux fers et au bloc le lendemain.
Le même jour, le matin, il appela Modeste au magasin, la fit tenir par moi et par Baptiste et lui tenant sa robe retroussée, il se mit à la battre à grands coups de chabouk sur le derrière. Cela dura longtemps ; M. Morette perdait haleine de temps à autre et se remettait ensuite à frapper. Modeste était alors enceinte de M. Morette. Il était jaloux de Manuel qui n'avait cependant aucune relation avec Modeste.»
Morette, lui, nie et dénonce ces deux faits comme des calomnies. Modeste soutiendra que le régisseur, pour l'avoir vu plusieurs fois, savait très bien que Manuel couchait souvent ici, soit sur le plafond, soit sous la varangue, soit dans le «*farfar*», une sorte de remise.

A la différence de la plupart des protagonistes de l'affaire Morette, on peut connaître la descendance de cette famille esclave. Des descendants de cette famille résident aujourd'hui encore à Saint-André.

Jean-Marie

Le jour n'était pas encore levé, quand son oncle le réveilla et lui demanda de le suivre. Depuis que son père n'était plus revenu de la chasse c'était à cet oncle qu'il devait obéir. C'était de lui que dépendait maintenant la vie de sa mère et celle de ses frères et sœurs. Un matin, son père était parti et ne le voyant plus apparaître après plusieurs jours, tout le village avait su qu'il ne reviendrait plus. Avait-il été mangé par une bête ou kidnappé par les bandes d'hommes qui les faisaient prisonniers? Nul ne put le dire mais depuis ce jour les larmes avaient tari sur les joues de sa mère et laissé la tristesse creuser des rides sur son visage si précocement vieilli.

Sur ses petites jambes de huit ans il se mit à trottiner derrière l'homme tout en grignotant une galette sèche de maïs. Quisango essaya bien de questionner sur leur destination mais l'oncle ne répondait que par un silence sans appel. Il arriva bien fatigué dans un village où les hommes se tenaient attroupés autour des bêtes. L'oncle lui demanda de se tenir tranquille dans un coin pendant qu'il partait examiner les bœufs. Heureux de ne pas avoir à faire un pas de plus, il se réfugia à l'ombre d'un grand arbre. Les marchandages allaient bon train autour des bœufs qui mâchonnaient les maigres tas de fourrage. Les bêlements des chevreaux affolés lui faisaient peine. Le soleil ardent ne l'incitait pas à sortir de l'ombrage bienfaisant de l'acacia.

Son oncle revint, tenant par le licou une belle vache n'arrêtant pas de secouer la tête pour faire fuir les mouches qui s'attroupaient autour de son museau. Un homme le suivait à qui il présenta l'enfant. Les derniers mots que son oncle lui adressa furent « *je reviendrai te chercher, ne fais pas d'histoire.* » Quisango voulut malgré tout suivre son oncle quand celui-ci s'éloigna prenant le chemin du retour mais une main ferme le retint. Il essaya de se dégager, tapant du pied, alors que de gros sanglots s'échappaient de sa gorge. Il cria, appela mais l'oncle s'en allait au loin. La main le tira et l'obligea à le suivre. Tout en ravalant ses larmes qui lui coulaient dans la bouche, il avançait la tête tournée vers son oncle qui disparaissait. Arrivé au village de l'homme, il pensait qu'il n'avait pas pu dire au revoir à sa mère et à ses frères et sœurs. Il pensait au chagrin que sa mère

aurait quand elle s'apercevrait que lui aussi avait disparu. Aurait-elle encore des larmes pour lui ?
Quisango s'habitua à cette nouvelle vie dans cette famille qui n'avait pour enfants que des filles. Il apprenait le chemin des corvées de bois, celui qui menait à la rivière pour aller chercher de l'eau et les sentiers pour amener paître les bœufs. Il n'était pas maltraité, on lui donnait à manger mais le soir au moment de se coucher il ne pouvait s'empêcher de penser à sa case, de penser aux courses dans les herbes folles avec ses frères, aux mains prestes de sa mère qui tressaient ses sœurs et une boule se formait dans sa gorge. Les premiers temps, il s'accrochait à l'idée que son oncle n'avait pas pu l'abandonner ainsi et que comme il l'avait dit, il reviendrait le chercher mais les mois passant, il comprit que la date du retour n'était pas proche. Quatre ans plus tard, l'oncle n'était toujours pas revenu. Quisango avait enfin compris qu'il avait été loué pour le prix de la vache. Il était devenu un jeune garçon fort qui s'amusait à éclabousser ses nouvelles sœurs à la rivière. Il aimait ce moment à la rivière, l'eau qui giclait entre les rochers était limpide et fraîche. Après une chaude journée à réunir les chèvres et les bœufs, il aimait s'y baigner, plongeant sa tête crépue dans l'onde et la secouant pour faire s'éparpiller les bulles d'eau qui s'y étaient accrochées. Il aimait le chant des oiseaux qui venaient y boire et qui s'envolaient à son approche. La vase sous ses pieds giclait entre ses orteils le long des berges et lui était agréable comme une caresse. Et sitôt que le soleil commençait à disparaître vers des terres plus lointaines, il se dépêchait de ramener sur sa tête les gros pots de terre emplis d'eau qui dans sa hâte débordait et lui glissait dans le cou.
Quisango, non, Jean Marie.
C'était son nouveau nom maintenant, celui par lequel on lui demandait de se plier aux ordres. Il se souvenait de tout cela pendant qu'il s'éloignait de l'habitation en suivant la rivière. Les années avaient passé depuis, il n'avait jamais revu sa mère. Il ne saurait jamais si l'oncle serait venu le chercher parce que des hommes étaient venus et l'avaient emmené. Il se souvenait d'avoir été attaché à d'autres hommes et qu'il avait beaucoup marché. Il était arrivé vers une grande rivière sur laquelle des gros bateaux attendaient. Il ne se souvenait plus ce qui l'avait le

plus surpris, cette grande rivière qui avait une drôle d'odeur ou ces bateaux qui lui apparaissaient si monstrueux. La fatigue et la peur ne lui laissèrent pas le temps d'y réfléchir et il se retrouva dans le noir de la cale, corps contre corps, dans la pestilence des vomis et des excréments. L'arrivée au soleil, sur terre, malgré ses inquiétudes était une délivrance. Car la rivière qu'il traversa lui sembla être sans rive, tant ce fut long. Parmi les plaintes de ses compagnons d'infortune, il entendit les mots d'esclave et comprit la réalité qui l'attendait. Contre quelle marchandise l'avait-on loué? Il ne le sut jamais. Les hommes blancs qu'il avait aperçus, étaient ici plus nombreux. Il ne comprenait pas ce qu'ils disaient. Ils lui criaient dessus d'une voix forte «*Jean Marie*» en tapant d'un doigt violent sur sa poitrine, il finit par comprendre que c'était le nouveau nom qu'on lui donnait. Il s'habitua aux nouveaux parfums que portait cette terre et à l'iode de la mer. Cette étendue bleue miroitait sous les rayons ardents du soleil pour n'être plus qu'une étendue d'argent liquide. Il apprit à aimer l'odeur des fruits pourrissants, celle des goyaves et aussi celle plus sucrée des mangues éclatant au sol. Il goûta au délicieux arôme des letchis pendants aux arbres. Il fut surpris par le paysage verdoyant des pentes des montagnes tachées des floraisons rougeoyantes des flamboyants et par la brise humide rafraîchissant son corps fatigué par les lourdes charges qu'il portait tout le long du jour. Son oreille s'habitua à la musique de la langue qu'on lui parlait. Peu à peu des mots lui devinrent familiers et sa compréhension du monde qui l'entourait s'agrandit. Il était désormais un esclave. Il avait un maître et devait faire ce qu'on lui disait. Il y avait beaucoup d'autres hommes et de femmes qui étaient comme lui. Ils n'avaient pas tous le teint foncé de sa peau ébène mais obéissaient tout comme lui aux ordres qui étaient donnés. Les charges portées avaient renforcé la puissance de ses muscles, il était devenu fort et puissant. Les regards que les femmes posaient sur ses jambes musculeuses et sur son dos large le faisaient sourire de joie. Les journées étaient difficiles, la chaleur faisait ruisseler la sueur le long de ses membres. Il aurait aimé, tout comme il le faisait enfant, se jeter dans une rivière et laisser la fatigue s'en aller avec les flots. Il craignait la mer, non seulement parce qu'elle avait ce goût salé qui venait

brûler ses plaies mais aussi parce qu'il ne voyait toujours pas son autre rive. Le soir, il tentait de la voir au loin quand le soleil déclinant allait disparaître dans le lointain, mais le ciel et la mer ne faisaient plus qu'un, le laissant désappointé. Il aimait entendre les rouleaux des vagues se jeter sur la grève et lécher de leur écume les galets.
Il craignait la mer mais plus encore il en eut peur quand il la vit se déchaîner. Ce jour-là, le vent avait fait plier les arbres et son mugissement entre les branches et les toits des cases en paille le pétrifiait. La pluie en violentes rafales s'introduisait dans les interstices des planches des murs et tambourinait à grosses gouttes. Les branches cassées s'envolaient sous la force du vent et venaient joncher le sol. La corvée l'avait emmené près du débarcadère, il avait vu les vagues envahir le ponton, soulever des planches qui sous leur assaut venaient percuter les galets pour repartir flottantes sur les flots rageurs. Les vagues arrivaient gonflées d'écume telles des hordes de buffles qui chargeraient en même temps, s'écrasant avec violence au-dessus des berges. Nul bateau à l'horizon, mais les caisses déchargées étaient éventrées et les hommes luttaient contre la pluie et le vent pour récupérer la marchandise que la mer engloutissait dans son reflux.
Jean Marie se souvenait de ces jours de cyclone, il savait que c'était en été qu'il pouvait les voir venir. La première fois qu'il s'était enfui de l'habitation, il n'y avait pas pensé. Il était parti après la journée passée à gratter la terre pour les nouvelles semences. Le soleil d'été lui avait permis de se faufiler et de s'éloigner avant que l'obscurité ne l'enveloppe. Des jours de fuite où il s'était nourri de fruits et avait bu l'eau de la rivière. La première nuit, il avait jubilé d'être loin de l'habitation, les douleurs de son dos l'avaient fait grimacer quand il s'était allongé sur le sol frais de la forêt. Le matin même, Morette l'avait fait fouetter. Depuis qu'il était arrivé sur cette autre habitation, malgré ou à cause même de sa musculature, il subissait les foudres du régisseur. Soit il n'allait pas assez vite, soit il ne portait pas assez. Alors, on l'allongeait au sol et maintenu par d'autres esclaves, on abattait la corde sur son dos. La bouche dans la poussière, il hurlait de douleur, sentant les bourrelets de chair naître sous les coups. Il se relevait en

titubant, il reprenait sa place dans les champs avec sa pioche. Le soleil brûlait son dos blessé et ses reins pliés semblaient se déchirer telle une feuille séchée. Alors il était parti. Les étoiles lui avaient tenue compagnie, le crissement des insectes dans l'obscurité le réconfortait et l'avait aidé à oublier la faim qui le tenaillait. Les coliques qui étaient apparues à cause des fruits l'avaient épuisé et rendu ses déplacements difficiles. Mais, ce furent les grosses gouttes de pluie qui s'abattirent pendant deux jours de suite qui l'obligèrent à redescendre vers les habitations, trempé et mort de faim, il chercha à chaparder sur une habitation et il fut repris. Dès son retour on le mit aux fers. Ankylosé par la position dans laquelle il était attaché, il sentait une douleur sourde se répandre tout le long de sa colonne vertébrale. Il ne pensait plus à sa faim, seule la douleur l'habitait. Il aurait aimé pouvoir laisser son esprit vagabonder mais la douleur était là, si forte, si entière qu'elle inondait tout son corps. Elle le ravageait comme une bête déchirerait sa chair.

Malgré tout, il s'enfuit à nouveau et à nouveau. La violence du régisseur lui était insupportable, non seulement pour lui mais aussi pour les autres. Le rituel des corps couchés sur la roche devant la grande habitation était quasiment quotidien. L'esclave ainsi étendu sur la roche était fouetté avec la grosse corde pliée. Morette semblait se délecter de ce spectacle tel un carnassier jouant avec sa proie. La chair du dos était striée d'entrailles sanglantes, les hurlements emplissaient l'air et la corde s'abattait et s'abattait encore. Morette exigeait et Morette avait.
Evidemment, le retour de ses marronnages était douloureux, à nouveau les fers, à nouveau la corde. Après quelques semaines, il retrouvait l'énergie et l'espoir de croire que la prochaine fuite serait la dernière. Il fallait qu'il s'éloigne de la bête. Il fallait qu'il lui échappe.
C'est ainsi qu'il était là à écorcher ses pieds sur les pierres acérées et à se cogner dans le noir.
Il ne fallait pas s'arrêter, ne pas succomber à la fatigue de ses muscles tendus. La fraîcheur du soir s'était installée dans les herbes qui lui fouettaient les mollets, les branches humides laissaient leurs perles d'eau lui faire un collier qui le faisait frissonner. Il avançait dans la nuit telle une bête échappant au

chasseur, telle une proie fuyant son prédateur.
Il marcha toute la nuit, et ne se reposa qu'au lever du jour. Le souffle court, le cœur battant à tout rompre dans sa poitrine, il s'assit près du bord de la ravine. Il entendait le léger glouglou de l'eau, la saison des pluies était bien loin. La soif l'obligea à descendre, se raccrochant aux branches pour ne pas glisser et s'écraser sur les rochers. Il trempa ses pieds sur lesquels des têtards peu farouches vinrent se promener. Dans la nuit, il avait abandonné l'idée de continuer par la rivière car les rochers glissants ralentissaient sa fuite. Il examina le lit peu profond et décida de le remonter. Il trouva quelques jamroses parfumées lui laissant un goût de pétales de roses dans la bouche, mais à midi il dut prendre un peu de repos.
L'endroit était silencieux, la rivière chantonnait, et de rares oiseaux rivalisaient avec elle. Il avait arraché l'écorce de troncs pourris pour dénicher quelques grosses larves qu'il avait gobées. Il se permit de dormir quelques heures et reprit sa fuite. Il se rendit compte qu'il lui était impossible de rester dans le cours d'eau, au fur et à mesure, il lui fallait escalader de gros rochers et ainsi il n'allait pas assez vite. Il arracha une feuille de songe, se disant que ça lui permettrait de récupérer de l'eau s'il se mettait à pleuvoir et remonta la berge. La nuit le trouva dans la forêt où il n'avait pu trouver que quelques fraises d'eau comme nourriture. Il s'arrêta alors car il avait peur de tomber dans une ravine. Alors que le froid de la nuit le faisait trembler, il s'endormit et rêva.
Il rêva de bras doux et chauds, de peau douce et moelleuse. Il rêva d'Adelina.
Chez son ancien propriétaire, il avait été l'homme que les jeunes femmes désiraient et il en avait bien profité. Le soir, il y en avait toujours une pour se rapprocher de lui, lui faire cadeau d'une part de manioc supplémentaire ou mieux pour celles qui travaillaient à la cuisine, des restes d'un repas. Elles cherchaient à l'amadouer, à le flatter pour mieux venir le frôler. Le soir, il arrivait à s'éloigner pour remercier de ses assauts la belle qui l'attendait.
Adelina n'avait rien donné, ne l'avait pas frôlé. Elle s'était approchée de lui et le regardant droit dans les yeux, elle avait collé son corps contre le sien. Le crépuscule descendait en

teintes grises sur les cases, les oiseaux s'étaient attroupés dans le grand ficus et leurs piaillements bruyants planaient en fond sonore au-dessus de leur tête. C'était l'heure à laquelle les hommes et les femmes épuisés par leur journée de labeur sous le soleil rejoignaient leur case. Surpris, il ne bougea pas. Toujours en le fixant, elle attrapa ses grandes mains et les posa sur ses seins volumineux, les ramenant ensuite sur sa taille imposante pour les poser sur ses fesses rebondies. Elle l'entoura de ses gros bras et le moelleux de sa chair l'encercla. Il se sentait comme enfoncé dans un lit tout doux et confortable. Cette formidable étreinte le rendait détendu comme un nageur fatigué qui aurait trouvé enfin une rive accueillante; le confort de ses bras et de son ventre rebondi lui apparaissait si agréable qu'il laissa sa langue entrouvrir ses lèvres pour déposer dans sa bouche un goût de tendresse; pour une première fois ce n'était pas lui qui prenait.

Il la laissa faire, tout en douceur mais avec fermeté, elle l'invita à découvrir ses formes pleines et il s'installa en elle, goûtant ses gémissements étouffés et s'enfonçant en elle comme un assoiffé dans l'eau claire d'une rivière. La volupté de la délicatesse de sa peau, l'odeur entêtante de sa chair, le faisaient disparaître dans un tourbillon de bien-être.

Avec Adelina, sa fatigue disparaissait. Quand il la rejoignait ensuite, le plaisir du sexe semblait moindre par rapport au bonheur de se laisser aller tout contre son corps assoupi. Elle était un rempart de tendres murailles. Il aimait poser sa tête contre son sein et laisser ses doigts se perdre dans les plis de son ventre. Il avait enfin un nid douillet.

Son rêve lui laissa un goût amer à son réveil. Avec elle, il avait connu des moments de bonheur qu'il n'avait jamais connus auparavant et qui lui étaient désormais interdits.

Il déplia ses longues jambes, engourdies par le froid de la nuit et tenta de trouver quelque chose à manger. Sur les hauteurs qu'il avait atteintes, les fruits se faisaient rares. Il chemina ainsi pendant deux jours, subissant le froid de la nuit, l'estomac vide. Se sentant défaillir de faim et de fatigue, il décida de redescendre et de chaparder dans une habitation. Quand épuisé, il tenta de voler des œufs dans un poulailler, des hommes s'emparèrent de lui et le reconduisirent chez son maître.

Morette le fit fouetter dès son arrivée, la corde pliée chanta sa chanson mauvaise sur son dos et on le mit aux fers. Abruti par les coups, le désespoir l'envahit. Ses gémissements étouffés furent la longue mélopée de cette nuit.
Le lendemain, devant tous les esclaves immobiles dans le petit jour glacé, on l'installa sur la roche. Maintenu fermement, la corde fit entendre à nouveau son chant infernal, lui arrachant des morceaux de chair et des hurlements de douleur. Les coups furent comptés et le nombre atteint, Morette le renvoya aux fers. Étourdi par la douleur et l'épuisement, il n'écoutait que faiblement les insultes du geôlier. Ce dernier le menaçait de le battre lui même s'il tentait de s'enfuir. Son corps n'était plus qu'une masse de chair en souffrance. La bave qu'il ne tentait plus d'avaler maculait sa figure. Sa respiration était saccadée. Le contact de son dos sur le sol humide lui causait une douleur si intense qu'elle irradiait tout son corps.
Il resta ainsi plusieurs jours, le peu de nourriture qu'on lui donnait ne suffisait pas à lui faire reprendre des forces. Il tentait de soustraire ses plaies à la dureté du sol, mais ses efforts lui arrachaient des souffrances qui le laissaient encore plus affaibli.
Un matin, il crut que son calvaire était terminé. Les hommes avaient détaché les fers et le tenaient debout devant Morette. Il peinait à se tenir debout. Ce dernier lui intimait de reprendre sa place aux champs. Jean Marie tentait sur ses jambes amaigries de cheminer avec les autres mais il n'arrêtait pas de tomber et avait peine à se relever. Les autres hommes le portaient, ses pieds traînant sur le sol. Devant son état d'épuisement, l'intendant avait décidé de le faire travailler assis en lui demandant d'arracher les mauvaises herbes. Morette de passage dans la matinée, trembla de fureur en le trouvant ainsi. Il hurla et le roua de coups l'obligeant à reprendre sa place parmi les autres. Jean Marie n'avait même plus eu la force de crier sous les coups, il n'avait pas bougé, étendu au sol, son corps se soulevant seulement au rythme de la violence de Morette.
La pioche dans ses mains jadis si fortes pesait si lourd. Le sang tambourinait dans ses oreilles. Le soleil lui cuisait la peau. Incapable du moindre effort, il s'affalait sans cesse. Morette était furieux et fulminait contre lui.
Jean Marie avait été ramené aux fers. Il était étendu dans cette

pièce noire où seule l'odeur de ses excréments lui rappelait son humanité. Son souffle était faible. Ses yeux ne voulaient plus s'ouvrir. Il les gardait fermés, essayant de ramener derrière ses paupières des images chéries. Il lui semblait sentir le souffle chaud de son Afrique natale lui caresser les membres. Il aurait aimé se glisser dans la rivière pour en jaillir perlé de gouttes fraîches. Il aurait voulu entendre à nouveau le chant des vagues sur les galets et sentir le goût salé de la mer sur ses lèvres. Il s'imaginait se pelotonner contre le corps chaud et doux d'Adelina et sentir sa bienveillance l'envelopper.

Son souffle s'envola, emporté par la fièvre, laissant son grand corps raide dans la mort. Les mouches s'étaient agglutinées sur ses plaies purulentes. Son cadavre n'avait plus rien dit de lui. Ce qu'il avait été, ce qu'il avait vu, ceux qu'il avait aimés. Il n'avait dit que la violence de la « bête » qui l'avait dévoré.

La vie sur l'habitation
(Déposition du nommé Pierre, créole de 25 ans, pâtissier, appartenant à M. Camin, actuellement à la geôle où il est détenu.)

« *Dans les premiers temps que M. Camin m'eût acheté de la marine, je fus conduit à l'habitation des cafres engagés. Je restais seulement huit jours mais je ne travaillais à la pioche qu'un seul jour. Je fus occupé le reste du temps à la sucrerie sous la direction du nommé Volange. J'ai entendu constamment les esclaves se plaindre du travail excessif qu'on leur imposait et de la dureté de M. Morette. Je dois dire cependant que pendant tout le temps de mois et de jours à l'habitation, je n'ai jamais vu M. Morette battre personne. J'ai vu seulement une fois Hyppolyte le commandeur allonger quelques coups de fouet par ordre de M. Morette à des noirs qui restaient en arrière sur les travaux mais c'étaient de petits coups qui ne pouvaient pas faire grand mal.*

Je n'ai vu non plus pendant mon séjour donner aucune fustigation et je n'ai moi-même essuyé aucun mauvais traitement soit de M. Morette soit des régisseurs ou des commandeurs.

D : Pourquoi donc alors craigniez-vous tant d'aller à l'habitation, que vous êtes allé le mois dernier déclarer au Commissaire de Police de Ste Suzanne un vol commis par vous chez M. Marcoux afin de vous faire mettre à la geôle ?

R : Sans avoir été maltraité, il m'était arrivé une petite aventure qui m'avait fait redouter la sévérité de M. Morette. Etant à l'habitation et me trouvant fatigué après mon travail, j'avais couché à l'habitation du bas après être allé à St André acheter trois sous de tabac. J'avais aussi manqué l'appel du soir qui se fait dans l'habitation du haut où se tient M. Morette. Le lendemain, Pompée m'a dit que je serai corrigé. Comme je n'avais pas de reproches à me faire parce que j'avais fait mon travail et que le lendemain du jour où j'avais manqué l'appel, je m'étais trouvé à l'ouvrage à 4 heures du matin avec les autres noirs, je demandai à aller chercher la ration de la bande pour parler à M. Morette. Je fus effectivement lui dire où en était le travail de la bagasse que nous faisions en bas. Il me répondit durement qu'il fallait le presser et lui parlai alors de l'appel que j'avais manqué ; il me répondit en me montrant le noir

Lunel qui était enchaîné aux deux autres noirs, "voyez, vous serez comme ça" mais mon affaire n'eut pas d'autres suites.
D : Comment avez-vous quitté l'habitation ?
R : Je suis allé en marronnage.
D : Pourquoi cela ?
R : Parce que je ne suis pas capable de travailler à la pioche, je suis pâtissier de mon état et n'ai pas l'habitude du travail de l'habitation.
D : Savez-vous combien de coups de fouet M. Morette faisait donner aux noirs en faute ?
R : J'ai entendu dire qu'on ne donnait pas plus de trente coups.
D : Vous a-t-on dit avec quel instrument on donnait les corrections ?
R : Avec une corde un peu plus forte que le pouce.
D : Savez-vous comment on plaçait les noirs qu'on fustigeait ?
R : J'ai entendu dire par les noirs qu'on les plaçait sur une pierre qui formait le dos d'âne et dont le dessus ressemblait à une […] mais je ne me suis pas fait montrer cette pierre.
D : Vous a-t-on dit comment ils étaient maintenus sur cette pierre ?
R : Non M.
D : Pouvez vous me dire comment les malades étaient traités à l'hôpital et avez-vous vu l'hôpital ?
R : Je n'ai jamais vu l'hôpital. Les noirs m'ont dit qu'il n'y avait jamais de malades qui y restassent. M. Morette disait, m'a-t-on dit, qu'il ne connaissait pas de malade et il les envoyait sur les travaux à moins qu'ils ne fussent tout à fait perclus. Dans ce cas, il disait qu'ils mourraient à l'hôpital pour leur maître.
D : Avez-vous entendu parler de la nourriture donnée aux malades ?
R : Non, M., jamais.
D : Avez-vous entendu dire que les malades fussent mis au bloc ?
R : Non M.
D : Avez-vous entendu parler de la mort de Vincent, de Jean Marie et d'André ?
R : Oui, Vincent et Jean Marie venaient comme moi de la marine. Vincent était un noir maigre et faible et incapable de suf-

fire aux travaux d'habitation. On disait qu'il était mort par suite des coups qu'il aurait reçus. Jean Marie et André étaient de forts noirs et leurs morts nous a tous étonnés.
D : Avez-vous entendu parler de Germaine ?
R : Non.
D : Avez-vous entendu dire sur l'habitation que lorsque les noirs laissaient pousser leur barbe, M. Morette les battait ou les faisait battre jusqu'à ce qu'ils l'eussent coupée.
R : Je l'ai entendu dire mais je n'ai vu frapper personne pour cela. Quand je suis arrivé à l'habitation, j'avais les cheveux et la barbe longue et les noirs me dirent de couper bien vite tout cela, que sinon M. Morette me les ferait abattre.
Le dimanche, la corvée commence à trois heures du matin et finit à neuf heures. Alors les esclaves sont obligés d'aller repasser leurs grattes à la meule. Chacun d'eux repasse sa gratte mais à son tour seulement, de manière que le second ne commence que quand le premier a fini et ainsi de suite de sorte que les noirs se trouvent ainsi obligés d'attendre et de rester là presque jusqu'à cinq heures où l'on prend la corvée du soir. A cette heure-là chaque esclave se présente avec sa gratte et ceux qui ne l'ont pas bien repassée sont punis de huit jours de bloc.
Plus n'a déclaré ... »

Esclaves à Bras des Chevrettes

L'affaire Morette va se dérouler sur l'habitation Deroland située dans les Hauts de la commune de Saint-André. Si nous ne possédons pas de descriptif ni de localisation exacte de cette propriété, nous savons cependant qu'elle se trouve entre la Ravine Bras des Chevrettes et la Ravine Sèche, plus précisément près de la Ravine Moignon ou Mignon[7].

Cette habitation est constituée de deux entités assez distinctes, l'usine sucrière appelée L'Espérance se trouve à une heure de marche de l'emplacement, là où se situent en particulier la maison du maître et divers pavillons ; c'est là où logeront les sœurs de Camin en 1845 et où réside habituellement Morette.
Les cases des esclaves sont à proximité de ces maisons. D'après les témoignages, elles sont regroupées et certaines mitoyennes, en particulier celle d'Adèle et celle de Moutoussamy. Elles sont sans doute entourées de bois, le bardage, et la toiture en paille.
Un étage est présent dans certaines, avec un plancher également en bois. Pas très loin se trouvent la forge et une plateforme, peut-être l'argamasse, où l'on faisait sécher le café avant que la culture de celui-ci ne laisse la place à celle de la canne à sucre. Sur cette plate-forme, se trouvait la roche où l'on fouettait les esclaves matin et soir si nécessaire, selon l'humeur de Morette.
Le poulailler, espace ceinturé de bois ronds, et comprenant une partie couverte, se situe également à proximité.
Enfin l'hôpital et le bloc, autrement dit la prison, se trouvaient également dans cet espace. Composé de trois pièces, le bloc était au milieu et les deux chambres latérales devaient recevoir les esclaves malades, selon le sexe. On ignore les matériaux utilisés mais souvent à cette époque sur des habitations de cette importance, on trouvait au moins un soubassement en pierres puis des murs en bois.
Si on se réfère aux descriptions des bâtiments de la propriété Saint-Marc, habitation voisine de celle de Deroland et dans

---

[7] Deux esclaves de cette propriété prendront le nom de Sarabé à leur affranchissement en 1848. Ce patronyme correspond à un lieu dit à proximité de Bras des Chevrettes. En malgache, ce mot, prononcé Tsarabé, signifie « *très bon, très beau.* »

laquelle Camin achètera plusieurs esclaves, un acte notarié détaillant sa composition nous renseigne sur les différentes composantes à cette époque. En particulier, on apprend que l'hôpital était en pierre, crépi à la chaux et de sable et couvert de paille. Ses dimensions étaient de 4,85 m sur 5,75 m et il comportait une porte et une seule fenêtre. Les cases à noirs étaient pour la plupart entourées et couvertes en paille ; leurs superficies variaient de 11 à 15 m^2. L'une d'elle mesurait moins d'1m de large sur 3,30 m de long et était séparée par une cloison, ce qui donne une surface « habitable » d'1,6 m^2, de quoi s'allonger uniquement.

La forge était un bâtiment en bois servant de foyer, non couvert et entouré de planches, d'une superficie de 30 m^2. Quant à la maison du maître d'une surface de 56 m^2, elle était couverte en bardeaux et entourée de planches.

La superficie de l'habitation Deroland est assez importante puisqu'elle mesure, d'après les recensements, près de 200 mètres de large sur 1950 mètres de hauteur.

Un second terrain mesure 87 mètres de large sur 1460 de hauteur. Selon Désiré Marie, sous-régisseur, l'usine sucrière était :
« L'établissement du bas appelé L'espérance et qui ne consiste qu'en un carré dans lequel se trouvent le moulin et la sucrerie. »

Lors de son interrogatoire, le docteur Legras, médecin habituel de cette plantation, décrit ainsi l'habitation :
« Le climat du Bras des Chevrettes est froid et humide et les noirs chez lesquels le système lymphatique prédomine et qui par conséquent sont bien sensibles au froid, ont besoin, là plus qu'ailleurs, d'être bien vêtus et bien logés et bien nourris.
MM. Deroland étaient gênés dans leurs affaires puisqu'ils ont donné leur biens en antichrèse et leur habitation laissait beaucoup à désirer sous les rapports hygiéniques, surtout en ce qui concerne le logement et le vêtement. M. Camin qui se trouvait dans une position différente a pu faire des sacrifices et réaliser des améliorations qui ont eu une heureuse influence sur la santé des esclaves, et par conséquent sur la mortalité. Je pourrai même dire que depuis que M. Camin a pris l'habitation, cette mortalité a été moindre chez lui que sur d'autres habitations

qui ne se trouvent pas dans des conditions aussi défavorables que la sienne. »
Quand en 1842, Deroland laisse l'habitation, il possède alors, selon lui, une soixantaine d'esclaves. En réalité, dans son dernier recensement daté du 12 février 1842, il déclare 44 esclaves dont 21 Créoles, 10 Malgaches, 9 Cafres et 4 Malais.
Ces esclaves sont majoritairement des hommes mais on dénombre aussi une douzaine de femmes et quelques garçons et filles de moins de 14 ans. Certains d'entre eux suivront à Saint-André M. Deroland dans sa maison à la ville.
Camin va augmenter ce nombre en achetant une quarantaine d'esclaves, des noirs de marine, d'autres à des particuliers et en engageant une quinzaine d'Indiens et autant d'Africains, avec un contrat. Trois de ces derniers ne resteront que peu de temps car Morette demandera leur départ parce que, selon lui, ils étaient toujours en rébellion contre son autorité.
Au moment du procès, il ne reste de ces acquisitions que 35 esclaves, certains étant morts, vendus, récupérés par Camin à Saint-Denis ou en prison.
La composition de la population esclave va donc être profondément modifiée sous l'administration de Camin et de son régisseur. En effet ce sont essentiellement des hommes qui vont être achetés et seulement trois jeunes femmes, Germaine, Phémie et Estella, toutes créoles. Les hommes sont alors pour la plupart des Cafres, cinq étant Créoles et un seul Malais alors qu'auparavant, l'habitation était composée majoritairement de Créoles.
Les femmes qui représentaient un tiers des esclaves en 1842, ne sont plus que 20% en 1845 et même moins si on intègre les engagés indiens ou africains, tous des hommes. C'est donc sur cette propriété largement masculinisée que Morette va sévir.
Les productions principales, à l'époque de Deroland sont vivrières, manioc et maïs, ainsi que du sucre, environ une tonne. L'élevage est constitué d'une trentaine de bovins et d'autant de porcins et d'ovins.
Le rythme de vie quotidien pour les esclaves est basé essentiellement sur le travail. Camin reprochera à Morette de faire trop travailler hommes et animaux, de les épuiser.

Les témoignages d'esclaves varient sur les heures de lever. Certains, comme Pierre, indiquent un lever à trois heures du matin le dimanche, jour où, légalement, les esclaves ne doivent pas travailler. Les autres jours, il déclare que les esclaves sont déjà au travail à quatre heures du matin. Cupidon, malgache de 60 ans, confirme les heures de corvée du dimanche.

Joseph Alidor, sous-régisseur Blanc, indique qu'à six heures du soir il rentrait chez lui près de l'usine ; cela indique que pour les noirs de pioche, la journée se finissait vers cette heure-là. Pour ceux qui étaient des esclaves domestiques, la journée se continuait.

Lors d'une confrontation entre Morette et Léonce Cadenet, le premier déclare n'apparaître que vers 6 heures du matin pour distribuer les vivres. Cadenet, lui, souligne que la cloche sonnait à trois heures du matin pour réveiller les esclaves qui attendaient ensuite jusqu'à cinq heures l'arrivée de Morette.

Une domestique Libre des demoiselles Camin indique qu'elle faisait tous les jours un bouillon de brèdes qu'elle remettait tous les soirs à huit heures à un esclave chargé de nourrir les malades à l'hôpital.

Pompée, malgache d'une quarantaine d'années, estime que la journée de travail commençait ordinairement à trois heures du matin pour se terminer vers les neuf heures du soir.

Quant à Muscade, il évalue le temps de travail de 7 heures du matin à 10 heures du soir, heure à laquelle il fallait aller chercher le fourrage pour le bétail.

Il est évident que les variations horaires s'expliquent par le fait que seule la cloche indiquait l'heure, que c'était celle du réveil et qu'elle sonnait vraisemblablement à trois heures du matin. Un témoin parlera du coup de canon le matin pour réveiller les esclaves.

Ce rythme de vie impliquait un épuisement des esclaves, peu propice à une révolte contre le maître, mais bien plus à des départs en marronnage. C'est bien cela que Camin reprochera à Morette peu avant le procès.

Si les esclaves parlent peu de leur activité dans les champs de canne à sucre, ils sont plus loquaces pour ce qui concerne les prises de repas et la nourriture, moments qui jalonnaient leur quotidien. La faim apparaît chez nombre d'entre eux comme un besoin peu satisfait par le régime de l'habitation. Beaucoup se plaignent en effet de la qualité de leur alimentation.

Il faut souligner qu'à Bourbon, à la différence des colonies des Antilles, la version locale du Code Noir n'imposait aux maîtres aucune quantité de nourriture à fournir aux esclaves. Dans les échanges épistolaires entre Camin et Morette, avant le procès, on apprend que parfois Camin envoyait « *une barrique de bœufs* » pour la nourriture des esclaves, sans doute des salaisons. Peu avant l'arrestation de Morette, en mai 1845, ce dernier écrivait :

« *Je pense comme vous qu'une portion d'embrevates ou lentilles conviendrait fort bien pour la nourriture des noirs, ce qui diminuerait d'autant la dépense de riz et qu'elle serait tout aussi bonne. Veuillez, je vous prie, m'en envoyer un peu.* »

Lors de son interrogatoire, Morette accusera Camin de n'envoyer que du riz et du poisson avariés pour nourrir les esclaves, ce que confirme Cupidon selon lequel les rations en riz et poisson étaient bien justes et pas toujours très bonnes.

Pompée précise que le poisson n'était donné que le dimanche et que la semaine, c'était uniquement du riz sec. Il indique que quand un esclave était à l'hôpital, il ne recevait que du cange et que la ration destinée à l'esclave malade était donnée aux cochons de Morette.

Jeannot, cafre de 50 ans, confirme les deux rations par jour de riz sec et précise qu'il y a peu de temps qu'il y a des embériques, des grains, avec le riz. Pour Songor, cette nourriture était insuffisante. Figaro estime à deux livres par jour la quantité de nourriture fournie à chaque esclave.

D'après Adèle, la nourriture n'était pas bonne et pas suffisante. Les rations étaient trop petites. Le soir quand on distribuait la nourriture aux noirs, certains n'avaient pas leur ration, Morette répondait simplement à leur plainte « *tant pis* ».

La préparation de ces repas était collective et leur prise également.

Moutoussamy déclarera que les indiens engagés, lorsqu'ils étaient malades, préféraient ne pas rester à l'hôpital, car il n'y recevait qu'une faible ration de riz cuit sans sel, et repartir au travail pour avoir la ration ordinaire.

Pour les esclaves punis pour marronnage et maintenus la nuit au bloc puis envoyés au travail la journée, la prise de nourriture est détaillée par plusieurs témoins qui la décrivent manifestement comme un moment d'humiliation. Ainsi Lespérance, à son retour de marronnage et après une forte flagellation, eut les deux mains attachées devant la poitrine pendant un mois. Pour manger, il demeurait debout, les pieds également attachés, que ce soit le midi ou le soir, et c'est l'esclave nommé responsable de lui qui lui mettait le riz dans les mains qu'il portait ensuite à sa bouche. Cette « technique » d'alimentation implique un contact total avec la nourriture, ce qui manifestement à cette époque était déjà inconvenant.

Aucune mention n'est faite de distribution d'arack ou de toute autre boisson alcoolisée. Seul Morette évoque du vin blanc donné aux esclaves malades. S'il parle de l'alcoolisme d'Adèle lors de son interrogatoire, personne d'autre n'évoque ce sujet alors que le docteur Morizot, lors d'un séjour de plusieurs années sur l'île quelques années auparavant en faisait un des fléaux touchant la population esclave.

Concernant l'habillement des esclaves, normalement encadré par des textes depuis 1840, il consistait sur l'habitation du Bras des Chevrettes en deux rechanges par an, selon Songor.

Un des plaisirs des esclaves, fumer la pipe, était interdit par Morette et sanctionné par le fouet s'il surprenait un esclave fumant. Dans son témoignage, Pierre mentionne un achat de tabac, ce qui nous indique que les esclaves possédaient parfois un petit pécule.

A nouveau les commentaires du docteur Morizot sont en contradiction avec cette approche. Il évoque en effet un tabac enivrant prisé par les esclaves et de l'opium chez les engagés indiens. Dans le premier cas il peut s'agir de zamal, variété locale du cannabis. Ce médecin précise que sous forme de poudre, il est prisé par les femmes esclaves, les affranchis ainsi que « *quelques blanches créoles* ».

Le temps des esclaves, selon Morette, et il est bien le seul à évoquer ce fait, comprenait des bals. Le régisseur écrit ainsi à Camin en septembre 1844, alors que leurs relations se détériorent nettement :

« *J'ai permis de temps à autres aux noirs de danser ici et sous ma sauvegarde pour les distraire afin d'éviter d'aller dans des bals ailleurs qu'ici où ils pouvaient commettre quelques indiscrétions et vous faire éprouver du désagrément et si ceci ne vous convient pas, dites un seul mot et ils ne danseront jamais ici.* »

Enfin contrairement à ce que prescrivaient les diverses ordonnances royales ou locales, aucune instruction religieuse ne se déroulait le dimanche. A aucun moment de l'affaire Morette, la sphère religieuse n'apparaît.

Comme dans la plupart des habitations, la structure familiale des esclaves est bien présente.

On apprend ainsi que Germaine avait été achetée à M. Saint-Marc, à moitié prix car malade, en même temps que son « *mari* » Jolicoeur. Sur l'habitation Deroland, nous avons vu qu'Adèle vivait avec ses deux enfants, mais il faut noter que ses frères, Félix 25 ans, et Volange, 38 ans sont également présents. La femme et ses enfants de ce dernier sont sur l'habitation voisine du frère de Victor Deroland.

Parmi les esclaves que possédait ce propriétaire, deux autres familles d'esclaves apparaissent d'où le nombre relativement élevé de femmes et d'enfants présents. Un couple d'esclave malais, dont la femme décèdera vers 1843, et leurs quatre enfants Médar, 14 ans, Marie Louise 12 ans, Clémence 9 ans, Julie 5 ans et Abel 2 ans. L'autre famille est constituée de Dauphine, créole de 52 ans et de ses filles Marceline 23 ans, et Pauline 26 ans. Deroland vendra une femme esclave et ses deux enfants avant de remettre son habitation à Camin.

On retrouve également Azor et son fils, portant le même prénom mais qui décèdera en 1843. Enfin, Saint-Ange est dit « *noir de l'établissement* », marié à la Veuve Louis Marie, sans doute Gabrielle.

A l'issue du procès de Morette, une décision de la Cour Royale du 23 février 1846, nous apprend que, suite au prêt de Camin à Deroland, d'un montant de plus de 350 000 francs en 1842, et suite à la faillite de Camin le 31 décembre 1845, ce dernier ne peut plus être administrateur de l'établissement. Le 23 mars suivant, le syndic de faillite est désigné comme nouvel administrateur. Le terme de « déconfiture » de M. Camin revient à de nombreuses reprises dans les mois et années suivants. Dès le 22 décembre 1845, l'un des créanciers de Camin obtiendra l'autorisation de procéder à la vente d'une vingtaine d'esclaves, dont Jolicoeur, Athibes, Philogène ou Songor. Par la suite, le devenir de cette habitation ne peut être précisé. La famille Deroland la récupérera mais sa dette envers les héritiers Bédier n'étant pas réglée, il semble que diverses procédures judiciaires se soient succédé, au moins jusqu'en 1856, date du décès de Deroland père.

André

André s'était caché près des charrettes et avait allumé sa pipe. Depuis que Morette était arrivé pour gérer l'établissement, même fumer la pipe pouvait apporter la punition. Cet homme pouvait surgir n'importe quand, telle une papangue fendant les airs pour se jeter sur sa proie. André se sentait vieux alors que rares encore étaient les cheveux blancs sur sa tête crépue. Il était né esclave et savait que sa condition n'allait pas changer. Il avait gratté la terre depuis son plus jeune âge mais avec les années il était devenu commandeur. Il accomplissait sa tâche de mener les hommes comme tout ordre qu'on exigeait de lui. Auparavant il n'avait jamais eu à souffrir de réprimandes de la part du régisseur mais depuis que Morette faisait sa loi, la vie était bien difficile. Quand le maître rôdait dans les parages, il fallait se tenir sur ses gardes. Un homme pas rasé, une pipe allumée, et Morette s'enflammait de colère et la corde faisait entendre son claquement.

André tirait doucement sur sa pipe, aspirant avec plaisir la fumée. Le dimanche, il ne la bourrait pas de tabac mais de boules de fleurs de zamal. Il avait lancé quelques graines parmi les plants de tomates qu'il cultivait. Les plants avaient bien grandi et il les avait fait sécher sous sa paillasse. Un bien-être commençait à se diffuser dans son corps, la tension accumulée jour après jour semblait disparaître. Le monde autour lui apparaissait tranquille. Il entendait au loin les cris des enfants qui se chamaillaient, le mugissement des bœufs et tout était calme. La brise qui faisait balancer les palmes des cocotiers l'apaisait. Les nuages dans le ciel s'effilochaient doucement dessinant des figures qui le charmaient. Un léger sourire aux lèvres il s'allongea au sol pour mieux les regarder. Il y voyait des visages disparus, celui de sa mère qui était morte l'année précédente et qui lui manquait tant. Il revoyait ceux qui avaient été vendus ailleurs et qui avaient été de bons compagnons. La pipe s'était éteinte et les bras en croix dans la poussière, il pensait aux bons moments quand, jeune garçon trottinant derrière sa mère, il la suivait aux champs. Le corps chaque jour penché, suant sous le soleil, elle frappait de sa pioche cette terre qui sous les coups répétés devenait une forêt de tiges de canne dans laquelle il aimait se faufiler. Il pouvait encore se souvenir de la douceur de son odeur, de cette senteur sucrée et citronnée de sueur. Ce parfum l'enveloppait dans la chaleur des nuits, couché avec ses frères, le long de son corps. Les nuits où nulle angoisse ne le voyait s'agiter sur sa couche. Il avait toujours écouté ses conseils, celui de ne jamais contrarier le Maître. Le Maître, c'était celui qui donnait les ordres. C'était le propriétaire, le régisseur, le commandeur, et il avait été bien docile. Et ainsi il était devenu commandeur.

Chaque jour, après l'appel, il emmenait un groupe d'hommes et veillait à ce qu'ils exécutent leur tâche. Il se méfiait des cafres, il leur venait toujours des idées de fuite. Alors, la punition serait pour lui. Il sentait que pour ces hommes qui n'étaient pas nés sur cette île, leur corps ne s'était pas encore nourri de la soumission, qu'ils rêvaient encore d'un « possible » qu'ils ne pourraient atteindre. Pauvres fous! Comment y arriver surtout maintenant que Morette, le « matavo » ne les lâchait plus. Il aurait aimé, le voir crever cette pourriture. Chaque jour quand la douleur s'amplifiait dans sa poitrine, il rêvait de le voir pourrir au soleil. Il aurait aimé le voir étendu sur la roche sur laquelle ce dernier aime tant faire fouetter, hommes ou femmes, selon son bon gré. Il aimerait lui cracher à la figure et le faire manger par ses propres cochons. Ces cochons qui se nourrissaient de la part de nourriture qui aurait dû être donnée aux esclaves. Une bête mangée par des bêtes, voilà ce qui devrait être juste. Il s'était déjà plaint des coups de Morette mais rien n'avait changé. La corde pliée traçait encore et encore des sillons sur les corps.

André se massa la poitrine, nulle plaie n'était visible mais la douleur qui y était présente était de plus en plus insoutenable. Morette s'amusait à le frapper là. Chaque fois, c'est là que les coups atterrissaient. Grosses clés en fer, outils, le maître les lui envoyait en pleine poitrine. Il en avait le souffle coupé et, plié de douleur il se dépêchait d'obéir de peur que le châtiment soit plus grand encore. André avait beau faire ce qu'on lui ordonnait, il semblait qu'il ne pourrait jamais satisfaire le « matavo ». Sournoisement, ce dernier s'arrangeait toujours pour le frapper et la douleur dans sa poitrine ne le quittait plus maintenant. Le

matavo le tuait de l'intérieur.
À l'aube, les groupes se formaient pour l'appel et un grand soupir s'élevait quand ils se dirigeaient vers les champs sans avoir vu Morette, mais c'était une joie de courte durée. Dans la matinée, il apparaissait sur son cheval. Les hommes retenaient leur souffle. Les réprimandes et les coups tombaient. André n'avait jamais pensé qu'il connaîtrait les fers. Les coups n'étaient-ils pas déjà suffisants ? Morette ne souffrait aucune entorse à ses ordres. Aucune excuse n'était valable. La fatigue, la maladie n'étaient pas des arguments qui pouvaient apporter sa clémence.
André avait connu les fers parce qu'il était rentré trop tard sur l'établissement. Il avait été envoyé porter des légumes à Saint Denis. Au retour, trop fatigué par la longue marche, il s'était arrêté au bourg pour se reposer. Il y avait passé la nuit et n'était rentré qu'au matin. Morette n'avait pas supporté cela et l'avait puni. Il s'était retrouvé dans une pièce noire attaché tel un chien. L'humidité du sol avait ravivé ses douleurs. La gamelle du repas n'était pas quotidienne et il en était ressorti après de longues journées, affaibli et rageur. Chaque jour il lui apparaissait que sa simple vue faisait naître une colère sourde chez le régisseur, colère qui se concrétisait toujours par des coups en douce.
André se rassit et alluma de nouveau sa pipe. La tiédeur de l'après-midi était agréable. Le doux ronronnement des voix l'informait que, pour quelques instants encore, il pouvait se détendre. Son corps était toujours alangui mais dans sa tête des idées furieuses se bousculaient.
Pourquoi ne voulait-on pas les croire ? Ils avaient été plusieurs à se rendre à Saint Denis pour se plaindre. Ils avaient dit comment le maître se comportait avec eux, mais jusqu'à présent rien n'avait changé. Il avait l'impression que même les autres craignaient Morette. André aurait aimé fuir mais il avait trop peur des châtiments pour s'y résoudre. Morette aurait encore moins de scrupule pour le faire souffrir. Alors, il essayait de ne pas contrarier le « matavo », même s'il fallait pour cela retenir ses gémissements quand ce dernier le frapperait à nouveau. Il avait tenté de calmer ses douleurs à la poitrine avec des recettes de tisanes que sa mère lui avait transmises. Le mal n'avait pas disparu. Certains soirs, las de souffrir, il buvait un peu de

mandoze qui rapidement l'amenait à l'ivresse et enfin à un sommeil profond. Malheureusement, il ne pouvait se permettre d'être saoul trop souvent, le rhum pouvait manquer mais surtout les lendemains, le réveil aux aurores le trouvait l'esprit embrumé et avec un manque d'énergie pour effectuer ses tâches. Il valait mieux ces jours-là se faire tout petit et ne pas faire naître le courroux de Morette, sinon gare à lui ! L'assoupissement qui régnait sur les lieux disparut avec les voix fortes des hommes qui s'appelaient. La quiétude de l'après-midi venait à sa fin. Il entendait les hommes sortir des cases pour s'affairer à la corvée de fourrage. Il cacha sa pipe dans le creux d'un manguier et éteignit le tison qu'il avait apporté. Un grand soupir s'échappa de sa poitrine. Quand serait-il enfin débarrassé de cet enfer ? Devrait-il mourir pour cela ? Lentement, le cœur lourd, il rejoignit les autres.

L'hôpital

L'hôpital est un lieu cité à de très nombreuses reprises dans les témoignages. Dans l'acte d'accusation, il ressort que Morette appelait hôpital ce qui en réalité était le bloc, c'est-à-dire le bâtiment où les esclaves jugés fautifs étaient emprisonnés et maintenus immobiles par un pied par cette barre de bois percée souvent de deux trous.

Selon sa mère Adèle, Modeste deux jours avant son accouchement y passa une nuit, pour avoir déclaré ne pas pouvoir repasser du linge car étant malade. D'après Manuel, les noirs malades sont mis au bloc dans l'hôpital, ce que confirme le commandeur Cotte :
« *Les noirs malades sont mis au bloc dans l'hôpital et malgré qu'ils sont médicamentés, on les conserve toujours un peu dans le bloc et quand les besoins d'évacuer se font sentir, les noirs font comme ils peuvent pour se rendre sur le pot placé près du bloc.* »
Luc, puis Hyppolite, sur ce sujet peu abordé en général, confirment les conditions de vie pour les malades mis au bloc par un pied :
« *Quand le besoin d'évacuer se fait sentir, on fait comme on peut pour aller sur le pot.* »
« *Les malades étaient mis au bloc et faisaient comme ils pouvaient pour satisfaire leurs besoins. Il fallait être très malade pour être mis dans la chambre de l'hôpital.* »
Léonce Cadenet explique les motifs de Morette pour mettre au bloc les malades :
« *Les noirs malades sont quelquefois mis au bloc à l'hôpital. Ceux qui sont aux fers et prennent médecine sont mis au bloc par un pied de crainte qu'ils ne s'évadent.* »
Plusieurs témoins déclarent que Morette se refuse à ce qu'un esclave soit véritablement malade et souvent il ne les envoie à l'hôpital qu'à la veille de leur mort ; ce sera le cas pour Vincent et Jean Marie. Ce dernier sera de plus mis aux fers et on ne le déferrera que peu de temps avant sa mort. Osman se chargera, deux heures avant son décès, de lui ôter le collier de fer qui le maintenait au bloc.

Morette, dans un courrier à Camin du 5 septembre 1844, présente la fonction de l'hôpital différemment, sans être vraiment crédible :
« *Elle* [Germaine] *se trouvant à y avoir besoin d'au moins quatre mois après de mouches[8] aux jambes par ordre du médecin, je les lui appliquai et l'obligeai de se présenter tous les matins à l'hôpital afin que le pansement se fit devant moi puisqu'elle n'avait aucun soin par elle-même et le refus qu'elle mit à se conformer à ce que je lui avais dit me mit de nouveau dans l'obligation de lui faire donner quelques coups de rotin ce qui mena de si grands désagréments que j'éprouve aujourd'hui.* »
Dans son interrogatoire, il indiquera les bons soins qu'il apporte aux malades, en particulier au niveau alimentaire. Seul Cupidon confirme une partie de ses dires :
« *J'ai été à l'hôpital pour un mal de pied et je n'y ai pas été bien traité ; j'avais la ration ordinaire de la bande, probablement parce que je n'étais là que pour un mal de pied. Quant aux malades, on leur donnait du cange ; j'ai vu quelquefois leur porter du manger de table. L'hôpital ne se compose que d'une petite chambre pouvant contenir quatre ou cinq personnes (il n'y a que trois cadres) et un bloc plus grand. J'ai vu des malades attachés au bloc par un pied et la chambre à côté était complètement vide.* »
Enfin le commandeur Cotte déclare :
« *On ne mettait dans la chambre de l'hôpital que les noirs qui étaient gravement malades. Je crois qu'on donnait aux malades la ration de la grande marmite. Je ne sais pas si on leur donnait du cange et du manger de table mais quant aux noirs malades au bloc, je les ai vus de mes yeux.* »
La fonction de l'hôpital ainsi, et le peu de crédit que Morette y apporte, se retrouve dans le témoignage de Pierre Louis, domestique de Camin à Saint-Denis, lors d'un passage à l'habitation du Bras des Chevrettes :

---

[8] Emplâtre à visée curative, appelé également « mouches de Milan ». Dorvault, Répertoire général de pharmacie pratique ; 1880.

« *Je suis allé quelquefois à l'hôpital et j'ai vu les noirs dans la chambre couchés sur le lit de camp ; ils se plaignaient de ce qu'on leur donnait d'une médecine et de ce qu'on les faisait travailler le même jour. Ils se plaignaient également de n'être pas nourris ; plusieurs fois les demoiselles Camin leur ont envoyé à manger en cachette de M. Morette. Quelques noirs de l'hôpital étaient mis au bloc ainsi que ceux qu'on ne croyait pas malades malgré ce qu'ils pouvaient dire.* »

Le docteur Legras, dont le procureur du Roi, dans son réquisitoire, mettra en doute la sincérité des propos, décrit ainsi l'hôpital :

« *J'étais le médecin de l'établissement Camin pendant qu'il était géré par M. Deroland et j'ai continué de donner mes soins aux noirs depuis qu'il est passé au mains de M. Camin. Pendant la gestion de M. Deroland, j'ai pu remarquer parmi les esclaves une mortalité qui n'a pas persévéré depuis sous la gestion de M. Camin*

Je ne saurai vous donner aucun renseignement sur la discipline établie sur l'habitation, mes visites n'étaient ni régulières ni périodiques ; il était convenu qu'on m'enverrait chercher toutes les fois qu'on aurait besoin de moi et je n'allais guère au Bras des Chevrettes que trois ou quatre fois par mois. Il n'entrait d'ailleurs ni dans mon caractère ni dans mon ministère de m'enquérir de ce qui ne touchait pas directement les malades auxquels j'avais des soins à donner.

L'hôpital de M. Morette était bien tenu et je n'ai que des éloges à lui donner en ce qui concerne les soins aux malades et l'exacte exécution de toutes mes prescriptions ; je préconisais souvent dans certaines convalescences, du poulet ou du poisson ou autres aliments de table et toujours mes prescriptions ont été fidèlement exécutées : j'ai pu souvent m'en assurer par moi-même car lorsque j'arrivais j'allais droit à l'hôpital et je faisais prévenir M. Morette avant qu'il eut le temps de me rejoindre, j'avais souvent fait la visite des malades et j'avais pu m'assurer auprès d'eux que mes prescriptions, soit en médicaments soit en aliments, avaient été suivies. Quand M. Morette était absent, je laissais à sa femme mes ordonnances écrites pour ne rien laisser à l'arbitraire des noirs chargés de l'hôpital.

M. Morette s'occupait lui-même du malade avec beaucoup de soin, de zèle, d'humanité ; je l'ai vu dans quelques circonstances passer plusieurs heures auprès de ses noirs.
Du reste, j'ai délivré à M. Morette toutes les fois qu'un noir est mort des certificats constatant la nature de la maladie ; il me demandait d'après les instructions de M. Camin qui disait-il lui avait recommandé pour se mettre en règle des intéressés à l'antichrèse.
Les noirs malades n'étaient pas mis au bloc ; quand j'en trouvais dans cette position, je les en faisais retirer à l'instant, dès que j'avais reconnu leur état de maladie. Quant à ceux qui se disaient malades par paresse, je les envoyais au travail après les avoir visités et m'être bien assuré qu'ils n'avaient réellement rien. Je faisais chez M. Camin comme je fais chez tous les autres propriétaires, c'est-à-dire que je faisais ôter les fers ou le sabot aux noirs malades lorsque par hasard il s'en rencontrait et sans avoir égard aux habitudes de marronnage qui pouvaient m'être signalées.
Les noirs que j'ai soignés chez M. Morette ne se sont jamais plaints de mauvais traitements et je n'ai jamais été appelé à soigner des coups ou blessures qui m'aient parus être le résultat de mauvais traitements.
Du moins, je ne me le rappelle pas […] »
Lors de l'enquête, il apparaîtra que l'obligation de tenir un cahier de l'hôpital n'était nullement appliquée ni par Morette ni par Legras. Morette s'affrontera d'ailleurs avec le commissaire de Police qui lui conseillait de mettre à l'hôpital les Indiens qu'il lui amenait pour les faire emprisonner, se plaignant de leur peu d'empressement à travailler sur l'habitation.
Pour Morette, selon Athibes, l'hôpital c'est la pioche et les médicaments, 30 coups de fouet :
« *Un jour, je dis à M. Morette que j'étais malade, il me répond qu'il n'y a pas d'hôpital ici ; il appela en même temps un commandeur et me fit appliquer 30 coups de corde.* »
Dans son témoignage, Lespérance affirme que Morette disait aux esclaves malades qu'il n'y avait pas d'hôpital sur l'habitation et que l'hôpital, c'était à Saint-Denis chez Camin.

L'hôpital, c'est d'abord le lieu où les esclaves meurent. Azénor relate ainsi le décès d'André :
« *Un matin, M. Morette lui dit à l'hôpital : Tu ne vas donc pas travailler ; André lui répond qu'il était malade et ne le pouvait pas. M. Morette lui donna alors quelques coups de poings dans la poitrine. Je ne lui ai pas vu donner des coups de clefs. Le lendemain, André fut amené à l'ouvrage et il y alla deux jours encore et il revint ensuite à l'hôpital où il est mort environ deux jours après.* »
Pour la mort de Vincent, Lunel précise :
« *J'ai été malade à l'hôpital, je faisais du sang. On me tint au bloc constamment. J'avais pour ration du cange fait avec du riz bengale. Vincent était à l'hôpital au bloc en même temps que moi ; c'était avant que je n'allasse porter plainte. Vincent était très maigre et très faible ; malgré cela on venait tous les matins le tirer du bloc pour le conduire au travail. Il était si faible qu'il ne pouvait pas se tenir et marchait à quatre pattes. Il protestait qu'il était incapable de travailler alors M. Morette lui donnait de sa main des coups de bâton et le faisait conduire sur les travaux à coups de bâton.*
Vincent est resté à l'hôpital sans aller travailler pendant quatre jours avant de mourir. Le matin du quatrième jour, M. Morette est venu le voir et lui a dit : mon garçon tu ne travailles pas de nouveau aujourd'hui. Vincent répondit qu'il n'était pas capable ; M. Morette le battit alors à coups de rotin. Le même jour Vincent mourut à midi presqu'au moment où on le retirait du bloc. »
Dans une lettre à Camin du 2 octobre 1844, Morette donnera sa version :
« *Malgré tous les soins que nous avons prodigués au noir Vincent, nous n'avons pu le retirer de son état de phtisie et nous avons eu le malheur de le voir mourir samedi 30 septembre.* »
Le décès de Jean Marie est résumé ainsi par Jeannot :
« *Quant à Jean Marie, il était parti marron, on l'a rattrapé et il a été conduit à l'habitation ; M. Morette l'a fait fustiger à coups de corde par le commandeur et lui-même a ajouté des coups de bâton. Ensuite, il a été constamment battu et ne pouvant plus travailler, il est entré fort malade à l'hôpital où il est mort.* »

Manuel, lors de son audition, confirmera les pratiques de Morette :
« *Jean Marie a été marron ; M. Morette le fit mettre au bloc à l'hôpital ; étant tombé malade, il lui fit donner le remède Leroy ; ce remède n'opérant pas, il l'a fait frapper. Le lendemain, Jean Marie était mort.* »
Selon Morette, ce sont les fréquents marronnages qui étaient la cause des maladies des esclaves, blessés, fatigués, épuisés.
L'hôpital est donc d'abord une prison et ensuite un lieu non pas où l'on soigne réellement les malades mais plutôt où on les garde. La maladie est omniprésente dans la vie des esclaves ; les remèdes sont eux bien plus rares, à part le fouet, médecine préférée de Morette. Quand il acceptait de considérer, pour un jour ou deux qu'un esclave était malade, ce dernier était systématiquement mis au bloc par un pied.
Les conditions de vie, d'hygiène, d'alimentation, les blessures induites par le travail, en sont une des raisons majeures, les mauvais traitements du type de ceux infligés par Morette accentuent ces maladies et leur font prendre parfois une issue funeste.
L'épuisement provenant d'un rythme de travail quasi inhumain, jamais compensé par du repos et une alimentation correcte, conduit à cette faiblesse qui est évoquée régulièrement par les esclaves.
En se limitant à ce qui est mentionné dans les divers témoignages sur l'habitation du Bras des Chevrettes, on relève ainsi diverses maladies dans la population servile.
Affection syphilitique, ulcère fistuleux, phtisie, autrement dit tuberculose, sont quelques-unes des maladies infectieuses qui touchent les esclaves. La fièvre plus ou moins permanente fait partie du quotidien de ces esclaves malades ; les médecins prescrivent alors des fébrifuges, à base de plantes, souvent peu efficaces.
Pour les douleurs, provenant ici en grande partie des fustigations, le docteur Niox indique utiliser des frictions oléagineuses.
Les soins consistaient, lorsque la maladie était reconnue, chose rare, en des tisanes et une alimentation à base de bouillie, le cange. Parfois d'autres médicaments étaient prescrits. Ainsi le docteur Legras parle des vésicatoires, ou mouches, pour Germaine, appliqués sur les jambes et la nuque, ainsi que de

l'hydrosate de potassium en solutions. Il mentionne également des dragées de « Vannes » pour soigner son enfant. Un autre médicament, indiqué par les esclaves, est couramment utilisé, sans véritable contrôle. Le docteur Morizot en parle ainsi pour des soins administrés par les maîtres pour des affections chroniques du tube intestinal:

« *L'administration du remède banal, la panacée universelle a lieu : d'abord le vomi-purgatif de Leroi, suivi d'un nombre de purgatifs dont les numéros et les doses croissent à proportion de la quantité des matières rendues et de leurs aspects ; méthode continuée jusqu'à l'agonie ; et la mort arrive.* »

Ce médicament, à base de résine de jalap[9], était interdit en France depuis 1825.

---

[9] Plante originaire du Mexique contenant une résine purgative.

Modeste

Adèle avait laissé Morette partager sa couche mais il s'était lassé de la mère et avait lorgné sur sa fille Modeste. À quatorze ans, celle-ci était une fleur fraîche qu'il voulait cueillir. Sa chevelure raide et sa peau cuivrée la distinguait des autres esclaves, ses lèvres ourlées offraient un sourire de dents éclatantes. Il passa ainsi d'une couche à une autre. Déflorant sans délicatesse ce jeune corps qu'il tenait pour sien. Modeste malgré la douleur n'opposa pas de résistance, prévenue depuis bien longtemps des usages de ceux qui avaient le pouvoir. Elle n'était pas surprise de le voir revenir et jouir de son corps comme un homme affamé. Elle s'acquittait de cette obligation de la même manière qu'elle exécutait les tâches qu'on lui ordonnait, obéissant aux conseils de sa mère pour satisfaire celui qu'il ne fallait pas contrarier. Son premier-né elle l'avait accueilli comme étant le fruit normal de cette semence déposée. Elle se savait n'être qu'un réceptacle de ses désirs et la mère d'un bâtard qui ne serait que deux bras de plus à son service. Elle n'était pas la seule à subir ses assauts et ne s'en plaignait pas. Le jour, elle courbait l'échine dans les champs et la nuit, tel un cheval qu'il domptait, elle s'aplatissait sous sa masse.

Modeste s'occupait de son fils et était émerveillée du bonheur d'être mère. Elle lui chantonnait à l'oreille en le berçant dans ses bras, sortait son sein gonflé et lui donnait la tétée. Elle le portait sur son ventre et l'emmenait partout. Elle s'extasiait de ses gloussements quand elle le chatouillait et le tenait bien contre elle pour dormir. Quand Morette venait, c'était de sortir l'enfant sans le réveiller qui lui tenait à cœur, elle le donnait à sa mère et le reprenait dès que Morette s'en était allé. La grossesse et l'enfant l'avaient rendue épanouie. Elle rayonnait de bonheur. Morette soupçonna qu'elle devait être amoureuse et se mit à l'épier. Elle sursautait quand son ombre surgissait derrière elle alors qu'elle donnait le bain à Elie, ou qu'il apparaissait à la pause du repas, fouillant de ses yeux avides les visages qui l'entouraient.

Il continuait à envahir son corps de cette fureur d'homme affamé. Elle venait à peine de sevrer Elie qu'elle se retrouva à nouveau enceinte. Pas plus qu'il ne s'était occupé d'Elie, elle

savait qu'il ne s'intéresserait pas à ce deuxième enfant et que ce dernier lui appartiendrait totalement. Elle se sentait doublement heureuse. Elle était surprise devant ses accès de jalousie, lui posant des questions et restant soupçonneux malgré ses réponses. Un soir, des hommes frappèrent à sa porte. Tenant leurs torches enflammées, ils reculèrent pour laisser passer Morette. Dans le grenier, deux hommes dormaient. Il s'agissait de son frère et d'un cousin. Morette bavait de rage. Il fit descendre les deux hommes et les fit battre. Il accusait l'un d'eux d'être son amant. Elle ne comprenait pas cette obsession. Elle essayait de le calmer mais il ne pouvait la croire. Il était si furieux qu'il la jeta au sol et lui donna des coups de pied dans ce ventre qui portait la vie. Elle protégeait son ventre, mais les coups pleuvaient si vite qu'elle ne savait plus où mettre ses mains. Elle hurlait mais il ne s'arrêtait pas. Essoufflé d'avoir tant tapé il sortit. Les jours suivants, il continuait à la surveiller, non pas pour se soucier de sa santé mais pour s'assurer que ses soupçons étaient fondés. Modeste, le corps bleui, continuait aux champs. Le corps douloureux, elle subissait ses étreintes.
L'enfant parut. Il ne cria point. Modeste hurla pour lui. Elle hurla pour cet enfant qui avait gardé les yeux clos et la bouche éteinte sur un monde qui lui avait fait violence bien avant même de l'avoir vu. Elle pleura d'avoir été volé de ce qu'elle chérissait déjà. Elle maudit ce père qui avait assassiné son enfant. Sa détresse fut si grande qu'elle emporta sa fraîcheur, la laissant désemparée, enlaidie par la tristesse.

La mort de Vincent
(Extrait de l'audition de Cadenet Léonce, 24 ans, régisseur chez M. Desroches, Rivière du Mât, ancien employé de l'antichrèse Camin ; 27 août 1845)

« *Depuis l'arrivée de M. Morette sur l'antichrèse Camin et jusqu'au moment où ce dernier lui a défendu de battre ses esclaves, il les a traités avec une dureté que je qualifierai de barbare. A chaque fois que cet homme arrivait sur les travaux de l'habitation, sans motif aucun, il ordonnait au commandeur de frapper sur les noirs et si l'un d'eux dans sa menée se trouvait derrière les autres, il le faisait coucher par terre et ordonnait au commandeur de lui appliquer trente coups d'une moyenne corde de France pliée en deux. Si le commandeur ne frappait pas assez fort, celui-ci était couché par terre et recevait une correction de la même corde. Un noir nommé Vincent fut envoyé sur l'établissement par M. Camin mais n'étant pas habitué aux travaux d'agriculteur, il fit plusieurs marronnages à la suite desquels il reçut plusieurs corrections de trente coups de la corde dont j'ai déjà parlé ; il finit par tomber malade, je crois, des suites de coups de corde qu'il avait reçus. Après un mois de séjour à l'hôpital, M. Morette me dit d'aller faire sortir Vincent, de l'envoyer au travail. Accompagné du nommé Hyppolite, commandeur, je me rendis à l'hôpital où je vis étendu sur le cadre le nommé Vincent qui avait singulièrement maigri et qui me parut extrêmement faible. Voyant ce noir dans cet état, j'ai fait dire au Sr Morette que Vincent était dans un état de maigreur et de faiblesse qui me faisait penser qu'il était incapable de travailler. M. Morette me dit de lui obéir et qu'il irait lui-même avec quatre noirs pour sortir Vincent de l'hôpital. Je m'étais donc obligé de prendre deux noirs à l'appui desquels je fis conduire Vincent sur la plateforme où se réunissaient les noirs pour aller prendre la gratte des cannes. A peine les deux appuis de Vincent l'eurent-ils quitté qu'il tomba de son haut tant ce noir était faible. Voyant cela, M. Morette dit que le noir faisait le malade et appela un commandeur. Il fit tenir Vincent par deux autres noirs et lui fit appliquer une vingtaine de coups de la corde précitée. De là et d'après les ordres de M. Morette, à l'appui de deux noirs, je fis conduire Vincent* sur les travaux. Mais voyant le malheureux dans l'impossibilité de travailler, je le fis asseoir dans les cannes, en lui disant que lorsque je verrai M. Morette venir, je le mettrai à l'ouvrage et cela par feinte. Le même jour, vers les 9 heures du matin, voyant le M. Morette venir aux travaux, je dis à Vincent de se mettre à l'œuvre. Ce noir qui ne pouvait se tenir qu'assis, arrachait quelques herbes. M. Morette me demanda pourquoi Vincent ne travaillait pas comme les autres noirs. Je lui répondis qu'il en était incapable. M. Morette s'approcha du noir, lui donna quelques coups de pied qui le renversèrent par terre puis l'envoya à l'hôpital à l'appui de deux noirs dont je ne me rappelle plus les noms. Environ un mois après, Vincent est mort. Il n'est pas à ma connaissance qu'on mettait au col de Vincent une corde dont le bout était attaché au col d'un autre qu'il devait suivre à l'ouvrage.

Le nommé Jean Marie est mort dans la même année que Vincent à la suite des coups de corde qui lui ont été donnés d'après les ordres de M. Morette. Jean Marie, revenant de marronnage, a été mis aux fers et confié à la surveillance du commandeur Hyppolite. Jean Marie s'étant évadé, Hyppolite fut mis aux fers à sa place et au retour de Jean Marie, Hyppolite fut déferré, ses fers appliqués à Jean Marie dont Hyppolite fut de nouveau préposé à la surveillance. Ce dernier exerçant sa vengeance sur Jean Marie ne manqua pas de le maltraiter. Il mourut d'un mauvais coup qu'il reçut au côté droit.

Cette méthode de faire porter les fers aux surveillants des condamnés subsistait sur l'établissement jusqu'au moment de ma sortie de l'établissement qui date du mois d'avril dernier. Le commandeur André enfin a succombé aux corrections répétées qu'il subissait par les ordres de M. Morette, en premier lieu d'un chabouk de charretier et en dernier lieu de la corde en question. Ce noir était le plus souvent battu par M. Morette à coups de poing, de poignée de gratte, clefs du magasin enfin de tout ce qui lui tombait sous la main. Le commandeur Hyppolite était celui qui battait toujours André. »

La roche

Située près de la forge, la roche où se répétaient quotidiennement les flagellations est un des lieux emblématiques de l'affaire Morette. Le régisseur appelait également cet endroit « *la mairie* » car c'était là son lieu de pouvoir absolu.
Rappelons que pour Victor Schoelcher, le fouet « *est une partie intégrante du système colonial ; le fouet en est l'agent principal ; le fouet en est l'âme.* »
Joseph Masson, le juge d'instruction qui mènera l'information, écrira, une fois devenu procureur du Roi :
« *Le fouet, abandonné sur quelques habitations, est, quoiqu'on puisse en dire, d'un usage général ; les propriétaires en font le fondement de leur discipline et proclament hautement que c'est le seul et unique moyen d'obtenir du travail.* »
Ainsi à Saint-Paul, le rapporteur déclare ne pas avoir trouvé la moindre habitation où l'usage du fouet ait disparu.
Sur l'habitation Desbassayns à Sainte-Marie, vers 1840, le propriétaire avait interdit l'usage du fouet. L'abbé Monnet, chargé de l'évangélisation des esclaves et présenté parfois comme un abolitionniste convaincu, écrivait en 1842 au procureur du Roi une lettre l'interrogeant sur les moyens de punir un esclave ayant volé un régime de bananes, sans le fouetter puisque le maître s'y opposait.
Pour Morette, le fouet est en effet le seul moyen de se faire respecter des esclaves qui ne craignent ni la mise au bloc sur l'habitation ni la prison.
Le commissaire de police de Saint-André, M. Ganné, fut chargé par le juge d'instruction d'aller constater la présence de cette roche et d'en faire une description précise.
« *Sur notre demande, les deux commandeurs nous ont conduit à un bâtiment de forge situé dans un coin à l'est de l'établissement, faisant face à l'ouest au bout de la varangue duquel ils nous ont fait remarquer une roche en partie enterrée dans un sol accidenté formant à peu près un triangle dont un des angles est à une hauteur de 32 centimètres du sol, un autre angle plus enterré, présente une hauteur de treize centimètres ; le troisième angle dont l'extrémité presque au niveau du sol est à distance de dix centimètres du bord de la dite varangue. Cet*

angle est d'une longueur d'un mètre six centimètres. L'angle situé au nord est d'une longueur d'un mètre cinq centimètres. La surface de cette roche où le milieu des trois angles est d'une forme à peu près ronde, étant soit peu élevé présente plusieurs aspérités, peu aigües. Chacune de ces aspérités est d'une hauteur d'environ deux à trois centimètres. Et sur le milieu de ces trois angles que les commandeurs Hyppolite et Cotte nous ont déclaré qu'on faisait mettre le bas-ventre des esclaves qu'on fustigeait pour que leurs fesses fussent élevées et mieux disposées pour recevoir la correction. »

L'article 37 du Code Noir permettaient aux maîtres « *lorsqu'ils croiront que leurs esclaves l'auront mérité, de les faire enchaîner et battre de verges ou cordes* ».
Concernant l'usage du fouet, la législation ne va être que très peu modifiée. Une ordonnance de 1767 interdira aux maîtres de faire donner plus de 30 coups de fouet aux esclaves, puis, en 1841, la peine d'emprisonnement sur l'habitation sera limitée à un maximum de 15 jours.
L'article 4 d'une ordonnance du Roi du 4 juin 1846, donc après le procès, interdira les châtiments corporels à l'égard des esclaves du sexe féminin et des esclaves mâles de moins de 14 ans ; Le châtiment du fouet, à l'exclusion de toute autre punition corporelle, est autorisé pour les autres esclaves mâles mais il ne pouvait pas être infligé plus d'une fois par semaine et ne devait en aucun cas, dépasser quinze coups. Les fustigations ne devaient être données qu'après un intervalle de six heures avec la faute. De plus défense était faite aux commandeurs de « *porter l'instrument de fustigation* » sur le lieu de travail.
La loi, à Bourbon, toujours favorable aux maîtres, n'est pourtant que rarement respectée. Dans le système esclavagiste, c'est le maître qui dicte sa loi. Pour l'appliquer, Morette, comme dans la quasi-totalité des habitations, impose son régime de discipline et la seule solution qui s'offre aux propriétaires pour asseoir leur domination est le fouet.
La diversité des matériaux utilisés, du nombre de coups portés, des raisons invoquées pour justifier la sanction pour une faute de l'esclave, n'est qu'une illusion.

Le système du fouet, de la flagellation, de la fustigation, pour reprendre les termes des habitants Blancs, est l'unique moyen de perpétuer le système et de le rendre économiquement viable. Toutes les sociétés esclavagistes l'utilisent et donc dans toutes les colonies françaises de l'époque, le fouet est l'élément central du fonctionnement de l'habitation.

Sur la propriété gérée par Morette, les différentes sources permettent de mettre en évidence un système de flagellation organisé selon le travail de l'esclave, son sexe, voire son âge.

Si le lieu privilégié est donc cette roche particulière située sur une plateforme où les fustigations seront données soit le matin soit le soir mais toujours en présence des autres esclaves, les lieux de travail, en particulier les champs de canne, verront se dérouler très régulièrement des corrections lors desquelles, à la différence de la roche, les esclaves sont couchés à terre et non maintenus. D'autres corrections étaient données avec l'esclave debout, par exemple pour Germaine.

Si la loi limitait à 30 le nombre de coups que le maître pouvait porter ou faire porter à un esclave, les témoignages parlent de pratiques sur l'habitation qui vont de 15 à 100 coups selon les fautes reprochées à ce dernier.

Tous les interrogatoires d'esclaves détaillent les séances de flagellation et les motifs le plus souvent futiles qui déclenchaient une fureur violente chez Morette ; celui-ci ne pouvait se calmer qu'après avoir donné ou fait donner des coups de fouet. Lespérance, esclave africain de 30 ans, déclarera s'être enfui de l'habitation et s'être réfugié chez Camin à Saint-Denis parce qu'il était trop souvent fouetté et qu'il en était devenu « *perclus ... ne pouvant se déplacer qu'à l'aide d'un bâton* ».

Adèle, entre autres, détaille la corde de France qui servait habituellement. De la grosseur du pouce, pliée en deux, voire en quatre, cela impliquait que ce n'était pas 25 coups de fouet que l'esclave recevait mais bien 50 ou 100. Pour les moindres fautes, il utilisait également du rotin sans jamais dépasser les 100 coups pour une faute jugée grave. Pour Germaine, elle précise qu'elle n'a reçu que des coups de chabouk[10], 10 ou 15 à chaque correction ; elle en recevait tous les matins.

---

[10] Nerf de bœuf.

Crescent, forgeron créole de 40 ans, raconte qu'il était battu avec cette corde de France, du genre de celles qui servaient à conduire les mules. Morette lui donnait plusieurs ouvrages à réaliser et le simple fait de ne pas les avoir faits dans l'ordre voulu par celui-ci entraînait une fustigation de 30 coups. Crescent estime le nombre de coups reçus depuis l'arrivée de Morette à 300. Selon cet esclave, Germaine était battue debout par Morette et quand ce dernier était fatigué, c'est Philomène qui lui succédait et la fouettait couchée.

Luc, malgache de 30 ans, à la pioche, précise que jamais Morette n'est venu sur les travaux d'habitation sans faire coucher des Noirs et leur faire compter trente coups de la corde. Le commandeur, ayant également une corde du même type, avait ordre de frapper sur les noirs comme sur des bœufs. Ce même témoin montra au juge d'instruction les cicatrices qu'il avait sur la poitrine et sur une jambe, à la suite de fustigations. Il précisera qu'il eut la poitrine écrasée lorsqu'il fut couché sur la roche et maintenu.

Jeannot indique que parfois un goni, sac de jute, était enfoncé dans la bouche du supplicié pour qu'on n'entende pas ses cris.

Tout était prétexte au fouet. Si un esclave s'arrêtait en chemin au domicile de son vrai maître, M. Deroland, il était fouetté à son retour ; si la pioche n'avait pas bien été affûtée, il en était de même. Si l'esclave ne se rasait pas le dimanche, il était fouetté.

Morette oppose un démenti à ces déclarations alors que la plupart des esclaves mentionnent cette pratique, précisant qu'ils ne possédaient pas de rasoir. Athibes nous indique quel outil était parfois utilisé :

« J'ai reçu une fustigation de 30 coups sur la roche parce que je n'avais pas rasé ma barbe. Je fus mis ensuite au bloc pendant 15 jours et cependant je n'ai ni rasoir ni verre de bouteille pour me raser. »

Quant aux marrons, très nombreux au début de l'administration de l'habitation par Morette, le fouet et l'emprisonnement durant plusieurs mois furent à l'origine de deux des décès d'esclaves reprochés à Morette, ceux de Jean Marie et celui de Vincent.

Jean Marie, nous l'avons vu dans les témoignages, ancien noir de marine, fut battu systématiquement après ses deux marronnages avec le fouet ou tout autre objet dans la main des commandeurs, sous-régisseurs ou régisseur. Il en fut de même la veille de sa mort. L'esclave Songor déclarera que le corps de Jean Marie fut abandonné et que les rats lui dévorèrent un œil.

Le 24 octobre 1844, par courrier, Camin interdit à Morette d'utiliser le fouet pour punir les esclaves :
« *Trouvez un moyen de corriger le noir qui manque à ses devoirs autrement que par le fouet. Je ne veux plus que vous le fassiez puisque vous le faites avec si peu de ménagements.* »
La réponse de Morette est datée du 28 octobre 1844 :
« *J'ai reçu votre lettre du 24 courant que je conserverai avec soin afin qu'elle puisse justifier au besoin que vous m'avez retiré le dernier moyen disciplinaire qui me reste pour les esclaves et peut-être parleriez-vous avec raison de mauvais traitements sur vos noirs si la mortalité surpassait cinq pour cent chez vous mais jusque-là vos plaintes ne sont pas fondées et je vous prie d'être assez indulgent, de ne point m'accuser des reproches du désordre qui pourrait se commettre sur l'habitation à l'avenir, ce qui ne serait pas ainsi si, comme par le passé, vous n'agissiez que d'après votre manière de voir.* »

C'est à la suite de ces courriers que les relations entre les deux hommes vont rapidement se détériorer puisque le 30 octobre Camin décide de se séparer de Morette :
« *J'ai reçu avant-hier soir votre lettre du 28 courant à laquelle je ne puis répondre qu'aujourd'hui.*
Je vous renouvelle ici mes regrets de vous voir méconnaître mon autorité sur l'habitation dont je suis chargé. Je vous ai dit que je ne voulais plus que vous fassiez frapper mes noirs parce que vous le faites injustement et avec emportement ; en vous prenant j'avais cru prendre un homme sage et modéré, je me suis trompé. Votre conduite à l'égard de mes noirs qui se sauvent toujours pour éviter le châtiment me met dans l'obligation de prendre la direction de mon établissement ; vous aurez à me rendre des comptes à la fin de la coupe des cannes et à me mettre en possession de votre comptabilité.

Soyez bien convaincu que vous ne devez votre sortie de dessus l'habitation qu'à vous-même. »

A partir de cette date et jusqu'à l'arrestation de Morette, les esclaves ne vont plus être fouettés. Il va se tourner vers d'autres moyens violents de corrections pour ces derniers. C'est à coups de pieds, à coups de poings, à coups de clé ou autre objet qu'il va frapper les esclaves, hommes ou femmes.

Phémie

Phémie avait lâché sa pioche, laissant les autres femmes suer sous le soleil, courbées sur la terre. Elle s'était éloignée, prétextant un petit besoin. Elle s'était réfugiée derrière un bosquet de bois de chandelles. Là, elle avait amassé depuis quelques jours quelques branches de bois et elle en avait fait un fagot. Ligoté avec du sisal, elle pouvait le poser aisément sur son chomblis et ainsi le porter sur sa tête. Elle savait qu'aujourd'hui Morette serait absent de la propriété. Elle en avait eu vent depuis quelques jours et avait eu la confirmation la veille quand le cocher avait préparé la calèche. Le cocher était un indien qu'elle n'appréciait pas beaucoup. Elle le trouvait arrogant. Avec sa grosse moustache qu'il aimait retrousser aux deux bouts et avec ses habits beaucoup plus avenants que ceux de beaucoup d'autres, il aimait à rappeler qu'il était un engagé et non pas un esclave. Pourtant, en le voyant rejoindre sa case, elle se disait que la différence n'était pas grande. Lui aussi devait la partager et sa case n'était pas plus belle que celle des autres esclaves. Il est vrai que dans ses habits, il avait belle allure. Ce qui la surprenait surtout, outre sa grosse moustache, c'était tous ces poils qui recouvraient son corps. Malgré son teint foncé, on pouvait voir cette masse soyeuse sur son torse et recouvrir ses bras. Il lui en dépassait dans la nuque et sur la gorge. Il avait aussi de beaux cheveux noirs et lisses. Ce qu'elle aimait en lui, c'étaient ses longs cils recourbés. Elle trouvait qu'il avait un regard magnifique, mais son sourire aux dents rougies par le bétel l'effrayait. Et son regard, elle l'oubliait quand il s'adressait à elle de son ton condescendant. Il lui faisait penser à cette famille de Libres qui avait un lopin de terre, tout près de son ancienne habitation. Ils vivaient dans la misère avec pour seule fortune un bœuf et leur petit jardin de légumes mais avaient une attitude méprisante vis à vis des esclaves, depuis qu'ils avaient acquis leur liberté. Ils avaient oublié leur ancienne condition d'esclave et maintenant qu'ils pouvaient porter des chaussures, n'aimaient plus se mêler à eux. Ils les regardaient d'un air hautain quand, à l'église, ils se regroupaient sur leurs bancs réservés.
Soulevant son fagot, elle vérifia que personne ne regardait dans

sa direction. Elle partit à reculons et dès qu'elle le put, sa charge sur la tête, s'en alla d'un pas ferme sur la route. Elle marchait sans trop se hâter, agissant comme si on lui avait demandé d'aller livrer ce bois. De temps en temps, elle croisait des charrettes remplies de fourrage, elle ne détournait pas le regard et saluait le conducteur. La matinée était bien avancée. Il faisait beau et chaud, elle n'allait pas tarder à ressentir la soif mais il lui fallait ne pas y penser. Elle ne devait pas trop traîner mais aller trop vite éveillerait des soupçons. Morette ne rentrerait qu'en fin de soirée, elle espérait atteindre son but avant son retour. Depuis qu'elle avait été vendue sur cette propriété, elle n'avait eu qu'une idée, partir. Morette étendait son ombre sur chaque homme et chaque femme sous sa coupe. Les châtiments qu'ils pouvaient recevoir pour des fautes de peu d'importance faisaient trembler d'effroi quand il approchait. De plus, il se donnait le droit de coucher avec l'esclave qui lui faisait envie, qu'elle soit mariée ou pas. Phémie n'était pas mariée, elle n'avait pas eu le temps de le faire et puis sa mère n'avait pas été d'accord. Elle ne voulait pas que sa fille soit avec un cafre. Là où elle avait grandi, les familles se connaissaient depuis longtemps. Des générations d'esclaves étaient nées là et poursuivaient les mêmes tâches pour lesquelles on les croyait faites. L'arrivée de cafres, des cafres nouveaux comme ils disaient, avait perturbé leur petite communauté, esclaves tout comme eux, peu habitués à leur nouvelle langue mais surtout si noirs qu'ils avaient été mis un peu de côté. Ils étaient noirs comme « la mouche charbon », comme la fesse des marmites, disait sa mère d'un air dédaigneux. Au début, elle avait fait comme les autres et ne les approchait pas. Puis vint la curiosité et elle se mit à les épier. Ils n'étaient pas très grands mais étaient costauds. Rapidement, ils s'étaient accoutumés à comprendre les ordres et à se familiariser à la langue. Ils aimaient s'allonger devant leurs cases et ne rien faire les dimanches de repos. Ils ne voulaient surtout pas faire autre chose que laisser leurs carcasses se défaire de la fatigue de la semaine. Pas de jardinet autour de leurs cases, quelques légumes auraient pu améliorer leur ordinaire ! Alors tous s'entendaient pour dire qu'ils étaient noirs et paresseux. Phémie s'amusait à se cacher pour les voir gesticuler à grands bruits quand ils buvaient trop d'arack.

Malgré la chaleur, ils sautaient et battaient le sol de leurs pieds lourds, les bras se soulevant comme des ailes lourdes qui les empêchaient de voler. C'est ainsi qu'elle avait été surprise par Petit Louis. Il s'appelait Petit Louis, non pas parce qu'il était petit bien qu'il ne fût pas très grand non plus, c'était Petit Louis parce qu'il y avait eu un Grand Louis avant. L'intendant avait été en panne de prénom et puis il lui fallait juste quelque chose à écrire dans les registres. Petit Louis avait posé la main sur son épaule, elle avait sursauté en poussant un petit cri. Il s'était amusé de sa frayeur et l'avait regardé d'un air malicieux. Ce fut ainsi qu'ils firent connaissance. Refusant les idées de sa mère, elle le rejoignit maintes fois, lui racontant les diverses histoires des uns ou des autres. Ainsi, à la dernière veillée, la grande Gertrude avait insulté le mort. Toute l'assemblée avait été saisie de stupeur. Elle exprimait une vieille rancœur de n'avoir pas été choisie comme femme. Elle lui rappelait le nombre d'enfants qu'elle lui avait donnés et égrenait la litanie des prénoms. Elle s'était vue remplacer par une plus jeune et depuis ne lui avait jamais plus adressé la parole jusqu'à ce jour. Et devant son corps qui ne pouvait plus lui répondre, elle pleurait et criait toute son amertume. Petit Louis hochait de la tête, souriait mais se taisait. Puis c'était au tour de Petit louis de raconter et les yeux de Phémie s'emplissaient d'images merveilleuses, d'eau bleue claire dans laquelle des poissons avec des couleurs qu'elle n'imaginait même pas se glissaient sur des fonds de sable blonds. Petit Louis avait un talent de conteur. Elle écoutait et chaque mot l'emmenait dans un monde peuplé de couleurs fantastiques. Il lui semblait entendre le vent dans la voile des pirogues, sentir le parfum musqué des épices. Il l'emmenait dans un pays ou la chaleur torride du soleil lui apparaissait comme une caresse sur le dos des pêcheurs. Elle sentait le sel collé à leurs peaux et goûtait la chair tendre des crabes. Elle voyageait sur ses mots et ne lâchait pas des yeux ses lèvres charnues par lesquelles un nouveau monde s'offrait à elle. Elle ne se lassait pas d'entendre ces souvenirs qu'il ramenait de son autre vie et quand il s'arrêtait, elle se lovait dans ses bras, encore émerveillée, le cœur si plein d'une beauté qu'elle ne connaissait pas mais qu'elle croyait avoir connue tant il la partageait avec elle. Elle se voyait glisser dans les vagues

pleines d'écume, ouvrir ses yeux pour débusquer des poissons perroquets, des poulpes cachés sous les rochers et des coraux aux teintes violets. Avec la même intensité qu'elle accueillait ses histoires, elle accueillit dans son corps son amant; elle ne voulait plus le quitter. Sa mère qui avait découvert ses escapades vers le camp des noirs n'arrivait plus à la garder. Dès qu'elle le pouvait, ses pas la ramenaient vers son bien-aimé. Aussi fut grand son désespoir quand on la vendit. Chaque jour, son âme se languissait de ses histoires, son corps avait faim de ses étreintes;
C'était pour cela que, son fagot sur la tête, son cœur battait plus fort à chaque pas qui la ramenait vers lui. Elle souriait, l'imaginant là-bas l'attendre sur le rivage. Les galets que la mer caresse murmurent son prénom et chuchotent de plaisir d'être bientôt les témoins de leur amour.

Moutoussamy, un engagé indien
(Déposition du Sieur Moutou Samy, indien, 26 ans, commandeur des Indiens, engagé chez Camin au Bras des Chevrettes, devant Massot, juge d'instruction.)

« *Après avoir vainement essayé de nous faire comprendre du témoin qui n'entend que très peu le français et qui ne sait prononcer que quelques mots, nous avons été obligés de nous faire assister d'un interprète ; nous avons fait alors comparaître devant nous le nommé Alexandre, indien, qui a déclaré n'avoir d'autres noms, être interprète attaché au syndicat des indiens, âgé de quarante-cinq ans, demeurant à St Denis, lequel a prêté en nos mains le serment de bien et fidèlement en son âme et conscience remplir les fonctions d'interprète et de bien et fidèlement transmettre au témoin les questions que nous lui adressons par son organe comme aussi de nous rendre exactement les réponses que celui-ci fera aux dites questions ; le témoin dépose ainsi :*
Il y a environ quinze mois que je suis sur l'habitation en qualité de commandeur des indiens : mes hommes travaillent assez près de la bande des noirs pour que je puisse voir ce que font ces derniers. J'ai vu souvent M. Morette arriver sur les travaux, battre les commandeurs et tout aussitôt celui-ci battre les noirs. Il les faisait mener très durement à ce que j'ai pu voir ; il ne se passait pas de matins qu'on ne fustigeât quelques noirs sur la plateforme avant d'aller à l'ouvrage. Les fustigations étaient données avec une corde de la grosseur du pouce et ployée en deux. Celui qui la subissait était couché par terre et tenu par deux ou quatre hommes suivant qu'il était plus ou moins fort ; je n'ai jamais vu aucun noir monter sur le col de celui qui était fustigé. Je ne me rappelle pas non plus avoir vu le patient couché sur une roche ; tout ce que je sais c'est qu'il avait la tête tournée du côté de la forge. Je ne pourrais vous dire combien de coups on donnait ni qu'elle était la gradation des corrections suivant la plus ou moins importance de la faute.
Je sais que les esclaves malades étaient mis au bloc à l'hôpital et les noirs qui se plaignaient de peu de choses étaient envoyés au travail.

Je ne sais rien de relatif à la mort de Germaine, de Vincent, de Jean Marie et d'André. Je n'étais pas sur l'habitation à cette époque.

Il y a environ deux mois, sans que je puisse cependant le bien préciser, j'ai vu M. Morette accompagné de deux noirs frapper à la porte de la case d'Adèle dont la mienne n'est séparée que par une cloison. Il avait un bâton à la main et un fanal à l'autre. Entré dans la case, il demanda où était Manuel ; on lui répondit qu'il était couché au grenier et on le lui fit voir. M. Morette lui donna alors plusieurs coups de bâton sur la tête ; Manuel tomba par terre et M. Morette lui donna de nouveaux des coups avec son bâton ; il alla ensuite au lit d'Adèle et lui en donna également ; après cela, il alla au lit de Modeste et la battit aussi ; le lendemain, Manuel voulait allait se plaindre à M. Camin mais M. Morette le fit mettre aux fers et au bloc. M. Morette a des enfants de Modeste et c'est par jalousie qu'il a battu Manuel.

Tous les noirs de l'habitation ont grand peur de M. Morette et se plaignent beaucoup de lui ; quant à moi, de tout ce que j'ai vu, je peux conclure que M. Morette est méchant et très exigeant au travail et qu'il fait fouetter tous les noirs indistinctement trouvant toujours qu'on ne travaille pas assez.

Je n'ai jamais vu faire la visite des négresses et leur faire lever leur robe mais j'ai entendu dire que cela se faisait.

Je ne sais pas non plus qu'elle était la punition appliquée aux noirs qui fumaient ou qui n'étaient pas rasés le dimanche.

M. Morette n'a jamais battu les indiens engagés mais lorsqu'il y en avait de malades, il les enfermait à l'hôpital et leur donnait une si faible ration de riz cuit sans sel que ces pauvres gens n'en pouvant plus demandaient à retourner au travail pour avoir leur ration ordinaire. Un de ces indiens nommé Moutou fut assez gravement malade et très bien traité par M. Morette mais quelques jours après sa sortie de l'hôpital s'étant de nouveau trouvé malade environ une semaine après sa sortie de l'hôpital, il y retourna et y resta deux jours enfermé à clef, ne recevant qu'une très petite portion de riz sec ; cet homme pleurait et me demanda à sortir me disant qu'il aimait mieux mourir dehors qu'enfermé. Il sortit effectivement et profita de l'heure du dîner pour aller se plaindre à la police.

A son retour, M. Morette lui donna des coups de pied et des coups de poing et l'enferma de nouveau à l'hôpital ; après cela, cet indien fut soigné par M. Legras.
Depuis que le fouet a été supprimé sur l'habitation, je n'ai pas vu M. Morette battre les noirs. Lorsque M. Camin est venu dernièrement sur l'habitation, M. Morette m'a pris à part pour me dire que si j'étais appelé en justice, il ne faudrait pas dire ce que j'avais vu, qu'il me donnerait pour cela quarante piastres. Je lui répondis que je ne voulais pas me faire mettre en prison, à quoi il me répondit qu'il était capable de m'en faire sortir.
Pendant que M. Morette causait ainsi avec moi, un noir que je n'ai pas reconnu parce qu'il était déjà assez tard est venu pour lui parler et il l'a renvoyé.
Plus n'a déclaré ... »

« C'est ma viande »

Cette déclaration, concernant Germaine, est attribuée à Morette par Jolicoeur, compagnon de cette esclave. Elle peut résumer l'attitude de ce régisseur par rapport aux femmes esclaves mais sans doute également vis-à-vis de son épouse. Ces femmes étaient peu nombreuses sur l'habitation lors de la gestion de la propriété par Morette.

Phémie fut une des premières victimes sans doute de la brutalité de Morette ; on ignore tout de leurs rapports mais cette esclave fut la première, nous l'avons vu, à porter plainte à la police de Saint-André dès 1842 ; elle fut rapidement revendue par Camin, suivant le souhait de Morette.

Estelly n'apparaît dans l'instruction du procès que dans un courrier de Morette la mentionnant marronne, de même que Germaine, en octobre 1844. En réalité, les deux jeunes femmes se sont rendues à Saint-Denis, sans doute chez Camin. A l'époque des faits, cette jeune créole est âgée de 17 ans. On la retrouvera en 1848 recensée par Camin à Saint-Denis.

Germaine va arriver à Bras des Chevrettes vers le début de 1843. Des témoins déclarent qu'elle avait des relations intimes avec Morette dans un premier temps, qu'elle aurait été enceinte de lui et qu'après son accouchement les mauvais traitements avaient commencé. De par sa fonction de gardienne de poulailler, elle faisait partie des esclaves résidant à proximité de la maison du régisseur.

Tous les protagonistes la décrivent comme souffrant d'une maladie oculaire. Selon le docteur Legras, qui intervenait sur l'habitation déjà à l'époque de Deroland :

« Germaine était atteinte d'une affection dartreuse et syphilitique et d'une ophtalmie de même nature.

Je prescrivis des vésicatoires aux jambes, à la nuque, plus tard au téton, ensuite des dragées de Vannes et l'hydrosate de potasse en solution. Ces prescriptions, notamment les remèdes internes, ont été employées après l'accouchement afin de guérir l'enfant qui avait puisé dans le sein de sa mère le principe de la même maladie. Cette négresse a été très souvent malade durant son séjour sur l'habitation ; elle ne s'est jamais plainte à moi d'avoir été fustigée.

Je m'étonnais du peu de succès du traitement auquel je l'avais soumis mais M. Morette me dit un jour qu'elle arrachait les vésicatoires peu après leur application et venait dire ensuite qu'ils ne prenaient pas sur elle. Il ajoute qu'il croyait qu'elle gardait dans sa bouche les dragées de Vannes et les rejetait lorsqu'elle était seule. Je ne pourrai vous dire si elle était dans un état de faiblesse la dernière fois que je l'ai vue et rien ne peut fixer mes souvenirs à cet égard ; il n'y a pas de cahier d'hôpital sur l'habitation.

D'après l'affection qu'avait cette négresse, affection dont la répercussion est facile, elle pouvait succomber à une hydropisie, une dysenterie ou une pneumonie. Je me rappelle que la dernière fois que je l'ai vue, elle était comme à l'ordinaire et rien dans son état ne donnait à penser que sa fin dût être prochaine. »

L'interrogatoire du docteur Niox, chirurgien major de la Marine, appelé par Camin lorsque Germaine se réfugia à Saint-Denis, apporte un autre regard sur ce qu'avait subi Germaine :

« *Cette négresse est arrivée à St Denis le 21 octobre 1844, elle nourrissait un jeune enfant. Appelé auprès d'elle, je la trouvais dans un grand état de faiblesse, je ne sus d'abord à quoi l'attribuer : je pensais qu'il pouvait être causé par la fatigue de la route et aussi peut être par le manque ou l'insuffisance de nourriture.*

Quelques jours après son arrivée, des symptômes fébriles apparurent pour lesquels un traitement antifébrifuge fut fait. Malgré tous les moyens rationnels qui furent mis en usage pour dissiper cet état morbide, aucun ne put parvenir à dissiper l'état de faiblesse dans lequel cette négresse se trouvait à son arrivée.

Voyant l'inefficacité de traitement si approprié auquel je l'avais soumise et auquel venaient se joindre des soins assidus des dames Camin, je fus conduit à l'interroger sur les causes qui avaient précédé sa maladie et alors elle me confessa avoir été fustigée. Des bains généraux et des embrocations (frictions) huileuses laudanisées et camphrées furent faits pendant plusieurs jours ce qui parut lui procurer un grand soulagement mais bientôt ces moyens furent infructueux et échouèrent devant son grand état de débilité : la fièvre survint de nouveau, l'amaigrissement du sujet augmentant, elle s'éteignit dans un

état d'inertie et je ne me rappelle pas au juste la date de la mort de cette négresse, elle a eu lieu, je crois, 3 semaines après la date d'un certificat que M. Camin m'avait demandé pour constater son état et que je délivrais le 12 novembre 1844. Je ne dois pas omettre que cette négresse était atteinte d'une ophtalmie chronique pour laquelle un traitement particulier concourait ave le traitement général.
Cette affection devait l'empêcher d'être soumise aux travaux de couture sur l'habitation.
D : Germaine est-elle entrée avec vous dans le détail des mauvais traitements qu'elle a reçus ?
R : Non, cette négresse m'a paru être sous l'impression d'une grande terreur. Elle me raconta, mais après beaucoup d'insistance de ma part, qu'elle était souvent et violemment battue et que ce qui l'avait décidée à fuir de l'habitation pour se réfugier chez M. Camin, c'était une correction que M. Morette lui avait infligée de sa main et avec plus de violences qu'à l'ordinaire.
D : Vous avez visité Germaine, les stigmates que vous avez pu reconnaître sur elle étaient-ils profonds et démontraient-ils des fustigations violentes et réitérées ?
R : Oui, les coups paraissaient être produits soit par un rotin soit par une corde : la peau était vergetée et turgescente : de nombreuses marques étaient répandues tant sur les épaules que sur les fesses. Dans plusieurs endroits existaient encore des cicatrices.
D : Croyez-vous que l'état d'inertie de Germaine ait été la conséquence des coups qu'elle a reçus et que sa mort ait eu pour cause immédiate les mauvais traitements dont elle vous a parlé ?
R : Oui, l'insuffisance de nourriture ; cette femme était nourrice, le travail forcé auquel elle était assujettie et qu'elle ne pouvait remplir et les coups qu'elle recevait pour ce motif ont dû concourir à l'état de débilité dans lequel cette femme se trouvait le jour de son arrivée à St Denis. »
Dans sa déposition, Philogène déclare :
« Germaine était malade et faible et nourrissait son enfant. Je lui ai donné par ordre de M. Morette 4 fustigations de chacune 30 coups d'un gros chabouk ; je lui ai donné aussi 30 coups

deux matins de suite. Les deux autres fustigations ne lui ont été données par moi que la semaine d'après.
Quand M. Morette trouvait que je ne fouettais pas assez fort, il m'arrachait le fouet des mains et me donnait des coups. Il la faisait fouetter ainsi pour rien, pour une volaille qui manquait ou bien parce qu'elle n'arrivait pas assez vite lorsqu'il l'appelait. Elle était si faible qu'un jour, en la conduisant à l'hôpital pour y recevoir sa fustigation, je fus obligé de la soutenir par le bras ; je lui ai donné les quatre fustigations dont je vous parle sur les épaules nues. Ne pouvant plus tenir à être constamment battue, elle s'est réfugiée à St Denis où elle est morte. »
Si on peut considérer qu'Adèle ne fut pas soumise à la loi du maître comme Germaine, sa fille Modeste sera, elle, confrontée à la brutalité de Morette. Ces deux femmes étaient déjà sur l'habitation quand Morette y arriva. Dans son bref témoignage, elle indique :
« M. Morette est un mauvais blanc, il ne traitait pas les noirs comme des hommes. Je ne sais pas ce qui se passait à l'habitation mais je sais bien ce qui se passait à la case ; néanmoins je ne crois pas que les noirs de la case fussent aussi mal encore que ceux de l'habitation, d'après ce que j'ai entendu dire, du reste, il n'y avait à la case que très peu de noirs.
D : Aviez-vous des relations avec M. Morette et quelle était sa conduite envers vous ?
R : Oui, M. Morette n'a pas été méchant avec moi au commencement mais depuis qu'il vit avec une négresse de M. Léonard, il m'a fait maltraiter et m'a donné des coups à diverses reprises. Lorsque j'étais enceinte de mon second enfant, il n'a fait que me battre jusqu'à ce que j'aie été accouchée ; il me donnait des coups de clefs dans le ventre et mon enfant était aussi bleu lorsqu'il est venu au monde que de la toile bleue. Il n'a vécu qu'une demi-journée. Une fois, c'était pendant ma seconde grossesse, il m'a appelée au grand magasin avec ma mère et mon jeune frère. Il m'a fait saisir en présence de ma mère par Cotte et Ipsilantis et là il a levé lui-même la robe et m'a rossée de coups jusqu'à ce que je sois tombée en faiblesse. Il en a fait autant à mon frère et toujours en présence de ma mère qu'il a forcé à assister à ce spectacle malgré ses pleurs et ses cris. Un

soir, M. Morette, suivi de trois noirs nommés Cotte, Mars et Ipsilantis, est venu frapper chez ma mère ; on a ouvert et il s'est précipité comme un furieux dans ma chambre et m'a donné un coup violent à la cuisse droite. Ensuite il est rentré dans la chambre de ma mère et lui a donné un fort coup de bâton sur le bras ; ensuite, il est monté dans l'appartement de Manuel qui couchait avec mon frère Jean Baptiste et lui a porté un violent coup de bâton sur le front et une partie de la face, ce qui a déterminé une assez grande blessure. Manuel est tombé du grenier en bas et M. Morette n'a pas cessé de le battre et l'a fait mettre aux fers de suite parce que Manuel disait qu'il voulait aller porter plainte à M. Camin. Je n'ai jamais vu faire lever la robe aux négresses pour les visiter. C'est tout ce que je sais relativement à M. Morette. »
D'autres témoignages permettent de compléter les dires de Modeste.

Elle déclarera avoir été la première femme esclave sur l'habitation à avoir des relations avec Morette et soulignera qu'il ne l'avait pas encore quittée à l'époque de son agression contre Manuel, Adèle et elle-même. Elle précise qu'elle n'avait à l'époque aucun lien avec un autre homme et qu'il l'avait déjà souvent battue avant ce jour, avec le fouet, le nerf de bœuf ou le rotin.

Son premier enfant, Elie, né en 1843, est, selon les témoins, fils de Morette. Lorsque Modeste était à nouveau enceinte de lui, Morette se mit en « concubinage » avec Zabeth, esclave de Léonard, qu'il envoyait chercher régulièrement par l'esclave Muscade. Ce dernier sera fouetté et puni de huit jours de bloc pour avoir laissé échapper un cheval à cette occasion. Lors des venues de Zabeth à la maison de Morette, Modeste devait la servir à table.

Zamor fut chargé de livrer du bois pour construire une case pour Zabeth :

« M. Morette avait des relations avec une négresse de M. Léonard qui demeure dans les hauts de Ste Suzanne. Il a fait couper sur l'établissement les bois nécessaires pour monter une case à cette négresse et c'est moi qui ai charroyé les bois presque sur le chemin au bord de l'emplacement de M. Léonard mais celui-ci n'a pas voulu que M. Morette fît monter une case sur cet

emplacement ; il a fait brûler les bois sur le chemin et m'a fait donner 15 coups de fouet. J'ai ramené la charrette à l'habitation et il n'a plus été question de rien. »
Le procureur notera que Zabeth est heureuse de n'avoir pas été sous la coupe de Morette.
Cela se répéta peu de temps après à l'occasion d'une liaison de Morette avec une esclave de M. De Villèle. Cette liaison fut dénoncée par la propre femme de Morette. Albert De Villèle, propriétaire voisin mais résidant aussi sur la commune de Sainte-Suzanne en fait cette relation dans un courrier à Camin :
« *Depuis longtemps, j'ai de grandes plaintes à former contre M. Morette, votre régisseur ; cet homme entretient un commerce honteux avec une de mes servantes ; j'aurais simplement ignoré cette crapuleuse histoire si la femme de M. Morette n'eut fait elle-même prier une personne de ma famille de m'informer de ce qui se passait afin que je prenne tous les moyens possibles pour faire cesser un désordre qui, comme vous le pensez bien, devait lui être à elle et à ses enfants bien préjudiciable sous tous les rapports. J'ai donc été obligé à une certaine surveillance, d'abord pour faire droit aux réclamations de cette malheureuse mère de famille et ensuite pour mon service particulier qui souffrait étrangement des absences fréquentes de ma servante.*
Il y a quelques temps, un de vos noirs a été envoyé ici à cheval de nuit par M. Morette. Par considération pour vous Monsieur, j'ai renvoyé le noir avec un simple avertissement de ne plus s'y faire prendre et comme j'ai présumé que le cheval appartenait à l'individu en question, je l'ai envoyé à la police. Ce sont tous les jours de pareilles misères. Enfin cet homme a envoyé aujourd'hui chez moi une charrette chargée de planches toutes travaillées et accompagnée de deux charretiers. J'ai donné l'ordre à vos deux noirs de s'en retourner à l'instant et de ne pas s'arrêter devant mon emplacement ; je les ai même menacés de les punir s'ils ne se dépêchaient point. Après cet ordre donné, je m'en suis retourné à la maison. Quel a été mon étonnement quelques instants après que ces deux charretiers, au lieu de se conformer à ce que je leur avais enjoint avec menace, avaient pris un autre chemin, sentier presque impraticable à un piéton, au risque de tuer les mulets et de briser la charrette et

étaient en devoir de décharger leurs planches loin de ma vue. Je vous avoue que je n'ai point été maître de ma mauvaise humeur et que séance tenante, j'ai fait donner une quinzaine de coups de fouet à chacun de vos noirs qui m'avaient manqué si formellement et j'ai renvoyé votre charrette et vos mulets à votre emplacement.

J'ai voulu moi-même vous informer Monsieur de ce qui s'est passé afin que vous sachiez bien si vous venez d'apprendre quelque chose à ce sujet que je n'aurais jamais pris la liberté de sévir contre vos noirs si je n'y avais été forcé par cette circonstance bien pénible pour moi, je vous assure.

Je vous prie seulement de tenir secret ce que je vous ai dit concernant la malheureuse femme de votre régisseur ; je craindrais de lui attirer de nouveaux désagréments. Je n'ai pas fait attention au numéro de votre charrette et quant aux noirs je ne puis vous dire que le nom d'un seul qui se nomme Pompée. »

Seul Manès père, cité comme témoin à décharge, déclarera qu'il n'a jamais entendu parler « *d'intrigue avec les négresses de l'habitation* ».

Dans son interrogatoire, Morette ne reconnaîtra que quelques rapports avec Modeste sans avoir vécu avec elle. Il précise :
« *Quant aux enfants, on ne peut dire à qui ils appartiennent à cause des nombreuses fréquentations de cette négresse.* »

La domination du mâle-maître apparaît également dans certains témoignages concernant la « *visite des négresses* ».
Le terme de visite correspond à celui d'examen intime; les médecins, dans leurs rapports, confirment ce sens. Le docteur Sainte Colombe, mandaté par le juge d'instruction pour constater les traces de mauvais traitements sur les esclaves, ainsi que, le docteur Niox, appelé par Camin pour soigner Germaine, l'utilisent.
Les esclaves seront interrogés afin de préciser si les flagellations commises sur les femmes se faisaient le linge levé, c'est-à-dire la robe. Les réponses sont affirmatives pour la plupart des hommes, négatives pour certains. Ainsi Hyppolite le confirme pour les corrections infligées à Germaine, Modeste pour son propre cas ainsi qu'Ipsilantis. A l'inverse Auguste, Arabe de 40

ans, déclare n'avoir jamais vu Morette relever les robes des esclaves pour les fouetter.
Une accusation d'actes plus pervers sera portée par Luc et Lespérance :
« *Il faisait lever les robes aux négresses pour voir si elles avaient du poil aux parties sexuelles et les faisait raser ; ça je l'ai vu moi-même.* »
« *Tous les dimanches soirs, M. Léonce faisait la visite des négresses sur la plateforme. M. Morette se tenait sous la varangue, chaque négresse levait sa robe pour être visitée et toutes celles qui n'avaient pas coupé leurs poils ras comme la "main" recevaient une fustigation de 30 coups. J'ai vu ce que je vous dis et c'est bien la vérité, les négresses peuvent d'ailleurs vous parler de cela*[11]. »
Zamor donne une autre interprétation à cette pratique :
« *Je n'ai jamais vu visiter les négresses mais j'ai entendu dire par Manuel qu'il les avait vu visiter une fois pour savoir si elles n'avaient pas le gros mal mais il ne m'a pas dit que ce fut pour savoir si elles avaient le poil rasé.* »
Le « *gros mal* » est une appellation ancienne de la syphilis qui, comme la tuberculose, était une maladie très fréquente dans les colonies.
Gabrielle, une des rares femmes de l'habitation déclare :
« *Je n'ai jamais vu visiter les négresses en leur levant la robe par devant ; on le faisait par derrière pour les fouetter.* »
Lespérance ajoute également :
« *Du reste M. Morette a été avec toutes les jeunes négresses qui lui convenaient sans s'inquiéter de sa femme.* »
Manifestement, Morette usait de violences tant physiques que psychologiques pour imposer sa domination aux femmes esclaves. Deux d'entre elles préférèrent s'enfuir, Phémie en marronnage à plusieurs reprises, Germaine à Saint-Denis. Quant à Modeste, on trouve encore sa trace à la veille de l'abolition en 1848 chez Deroland mais malgré son jeune âge, elle n'aura,

---

[11] Dans le rapport de patronage des esclaves en 1844, il est fait mention d'une pratique tombant en désuétude, celle de raser la tête des femmes esclaves et de les exposer ainsi. L'humiliation des esclaves semble, là aussi, recherchée.

semble-t-il, pas d'autres enfants. On ne lui trouve également aucune alliance.

La jalousie de Morette est incontestablement à l'origine de l'agression contre Manuel, Modeste et Adèle en 1844. Si certains témoins pensent que c'est de Léonce Cadenet qu'il craignait une concurrence, d'autres désignent bien Manuel comme la cible de la colère de Morette. Pourtant, selon Figaro :
« *Tout le monde savait que cette négresse avait des relations avec M. Morette et personne n'aurait osé la fréquenter.* »
Modeste confirmera qu'en effet, « *elle n'avait pas d'homme* ».
Léonce Cadenet sera forcé de quitter l'habitation vingt jours après la violente irruption de Morette chez Adèle.

Germaine

Germaine, assise par terre, cousait un goni. Ses mains tremblotantes essayaient de percer l'épaisse toile de jute. Sa couture ressemblait à une couleuvre en train de fuir, tant elle n'était pas rectiligne. Elle tentait de s'appliquer mais sa vision troublée par le pus qui s'écoulait de ses yeux était troublée. Elle essayait de s'en débarrasser en se frottant les yeux vigoureusement. Mais rien à faire, le liquide jaune continuait à s'écouler et à s'amasser au bord de ses cils comme des branches jetées sur la rive par des flots violents. Sa petite Zélia à ses côtés s'était endormie sur un tas de paille qu'elle avait apporté. Elle regardait tendrement cette petite chose qui malgré la puanteur des fientes du poulailler dormait paisiblement. De sa main gauche, de temps en temps, elle faisait fuir les mouches qui venaient se poser sur le visage de la petite endormie. L'ouvrage n'avançait pas, elle regardait la pile de sacs qu'elle devait finir et un soupir s'élevait de sa poitrine. Elle avait heureusement fini de donner le grain aux poules. Elle attendait d'entendre leurs caquètements pour aller ramasser leurs œufs et les rapporter. Chaque jour, elle égrainait les épis de maïs dans sa robe et, les pans relevés, entrait dans le poulailler. D'une main elle attrapait les graines et les lançait à la volée. Les poules accouraient, dans un joyeux brouhaha et picoraient gloutonnement. Ensuite, elle leur versait de l'eau dans des récipients en tôle et se mettait à ramasser les œufs disséminés un peu partout. Ses pieds glissaient sur les fientes. Elle ramenait précautionneusement les œufs dans sa robe mais parfois l'un d'eux roulait et s'écrasait au sol. De ses yeux chassieux, elle regardait l'œuf éclaté avec stupeur, figée. Une sueur froide coulait le long de son dos. Un œuf cassé ! Morette ne le supportait pas et la punissait.
Germaine à son arrivée sur la propriété avec son mari Jolicoeur, trouvait que les autres esclaves se plaignaient beaucoup du maître. Elle n'avait pas encore sa maladie aux yeux et son ventre n'avait pas encore porté Zélia. Elle partageait une petite case avec Jolicoeur et d'être enfin seuls la réjouissait. Les corvées d'eau chaque matin lui étaient moins pénibles car la rivière n'était pas loin. Elle portait sur sa tête les fers-blancs qui

la mouillaient de leur trop plein. Quand elle avait été affectée au poulailler, elle s'était réjouie de ne pas aller gratter la terre et accomplissait sa tâche consciencieusement. Au début, l'odeur des fientes lui faisait retrousser le nez mais elle s'y était habituée. Morette contrôlait chaque après-midi le nombre d'œufs ramassés et le comptage des poules. Elle avait vite surpris son regard insistant posé sur elle. Comme un renard regardant une poule, elle avait l'impression qu'il salivait de la voir. Elle en avait parlé à Jolicoeur mais ce dernier en riait ne voulant pas la croire. Elle n'avait pas vingt ans et ses seins fermes sous sa robe révélaient son corps vigoureux. Morette passait de plus en plus souvent au poulailler, l'épiant penchée sur les écuelles d'eau, ou assise à raccommoder les gonis. Il la désirait. Elle le sentait. Elle savait que bien des maîtres ne voulaient pas se suffire de leurs épouses et profitaient des jeunes esclaves à leur goût. Morette avait envoyé Jolicoeur loin de l'habitation, le louant pour quelques jours à un autre propriétaire et s'était introduit dans sa case. Effrayée de le voir apparaître, elle s'était reculée. Il la lorgnait depuis trop longtemps pour pouvoir attendre. Elle redoutait ce moment. Il n'avait que faire du refus de ses bras croisés sur sa poitrine. Il l'attrapa et la jeta sur la paillasse. Elle avait beau se débattre, il la coinçait de tout son poids en relevant sa robe. Il semblait même que son refus augmentait son désir. Bloquant ses bras, il s'introduisit furieusement en elle. Suant et ahanant au-dessus d'elle, il déchirait son corps par la violence de ses assauts. Elle avait hurlé mais un grand coup dans sa bouche lui fit éclater la lèvre. Les larmes jaillissaient de ses yeux et inondaient ses joues. Le goût de son sang se mêlait aux cris silencieux de sa détresse au fond de sa gorge. Il la retourna et toujours aussi violemment il la pénétra. Quand il fut parti, hoquetant de sanglots, elle lava le sang qui coulait de son entrejambe et de ses fesses. Jolicoeur revint. Elle ne se confia pas et jamais ne lui en parlât. Chaque fois, que son mari était absent de la propriété et il partait souvent, Morette venait. Morette prenait. Elle ne se débattait plus, le laissant la jeter comme un sac de farine, la retourner comme une galette. Elle restait immobile, attendant le moment où il s'effondrait sur elle et s'en allait.
Elle s'était retrouvée enceinte de Jolicoeur ou de lui, elle ne

savait pas. Mais au fur et à mesure que son ventre s'était mis à grossir, les venues du « matavo » s'espacèrent, mais sa mauvaise humeur à son encontre augmenta.

A la naissance de Zélia, elle trembla de le voir apparaître. Elle sursautait au moindre bruit quand elle était seule. Zélia n'avait pas quarante jours qu'elle reprit sa place au poulailler. Elle l'emmenait et la posait sur des haillons et accourait dès qu'elle pleurait. Elle la faisait téter s'amusant de la délicatesse de ses petites mains qui s'agrippaient à son doigt. Morette profitait de ses moments pour surgir et hurler ses réprimandes. Il manquait des œufs, ou il manquait des poules. Les sacs n'étaient pas faits. Et au matin, devant tous les esclaves assemblés, il la faisait fouetter. Pas une semaine sans qu'elle ne reçoive la corde. Elle était son petit déjeuner, il fallait qu'elle soit fouettée pour qu'il se sente repu. Ses yeux commençaient à faire du pus chaque matin. Elle se disait que c'était Morette qui l'avait souillée et que la saleté dont il l'avait inondée ressortait par ses yeux. Le matin, elle avait du mal à détacher ses paupières tant elles étaient collées par le pus séché. Ses yeux rougis en permanence étaient larmoyants et très douloureux. Elle avait du mal à accomplir ses tâches avec sa vision brouillée. Les punitions augmentaient.

Devant l'habitation, les nombreux esclaves s'étaient habitués à la voir sur la roche hurler de douleur pendant que la corde sifflait sur son dos. Son lait se tarissait, ses forces diminuaient. Elle lisait le désespoir dans les yeux de son mari qui se sentait si malheureux de ne pouvoir l'aider.

Elle n'avait pas vingt ans mais elle semblait déjà si vieille. Elle marchait le dos courbé, la robe collée au sang des entailles de son dos. Elle s'asseyait pour coudre ses gonis et tremblait de douleur. Elle aurait aimé tordre le cou à toutes ces volailles et mettre le feu aux sacs, jeter en l'air un à un les œufs, pour s'imaginer des oisillons prenant leur envol. Elle aurait voulu tout saccager, libérer la colère qui la submergeait. Mais elle était assise et cousait ses gonis. Zélia s'était réveillée et elle l'avait prise contre elle, elle avait sorti son sein qui ne donnait plus aucune goutte de lait. Zélia mâchonnait le bout de son téton, essayant malgré tout de boire à cette calebasse desséchée. Ses seins n'étaient plus que deux vieilles outres aplaties.

Caressant le visage aimé de sa fille, elle pleurait. Elle pleurait de n'être plus qu'une ombre, qu'un fruit vide. Elle se leva et la menotte de sa fille dans sa main, elle marcha. Elle sortit de la propriété sans un regard en arrière. Elle allait lentement, non pas à cause de l'enfant mais parce qu'elle ne pouvait pas faire mieux. Elle croisa des esclaves qui portaient de lourdes charges, des charrettes qui transportaient des cannes. Mais personne ne lui parla et elle ne s'arrêta pas. Elle suivait la route, portant la petite qui fatiguait, haletante sous le soleil. Elle n'avait qu'un but, aller voir ceux chez qui elle était déjà allée, maintes fois se plaindre. Ils avaient tenté de la rassurer et elle était repartie sur l'habitation mais cette fois ci ils devaient la sauver. Elle ne voulait plus rentrer. Exténuée, elle parvint à la propriété et s'écroula de fatigue. Ils firent venir le médecin qui l'examina mais qui d'un mouvement de tête disait son désarroi de ne plus pouvoir la guérir.

Germaine puait. L'odeur entêtante faisait attrouper les mouches autour d'elle. Elles étaient un nuage vrombissant qui se délectaient de ses plaies qui suintaient. Elles se collaient à sa bouche et sur ses paupières entrouvertes suçant le pus de ses yeux qui ne voyaient plus. Une morve épaisse s'écoulait jaunâtre de ses narines et une odeur d'urine imprégnait son cadavre. Elle s'était tue, ne rapportant l'horreur que par ce corps raidi dans la mort.

L'acte d'accusation
(Extraits de la pièce n°146, établie par M. Massot, juge d'instruction, à l'attention de Messieurs les Présidents et conseillers composant la chambre d'accusation de la Cour Royale de l'Ile Bourbon. 26 novembre 1845)

« *Dans les premiers jours du mois d'août dernier, une affaire civile se plaidait devant le tribunal de 1ère instance de St Denis : M. Adolphe Camin demandait la résolution d'un engagement qui le liait à M. Morette auquel il avait depuis quelques années confié la direction et la régie d'une habitation située dans la commune de St André au Bras des Chevrettes. Les faits attribués par M. Camin dans un débat purement civil frappèrent par leur gravité les magistrats qui siégeaient au banc du ministère public. Des renseignements furent recueillis, des détails accablants pour le M. Morette furent dévoilés ; une information judiciaire devenait nécessaire ; aussi fûmes-nous saisis par le Procureur du Roi le 2 septembre dernier.*
Les réquisitions de ce magistrat plaçaient le Sr Morette sous la prévention de meurtre sur les personnes des esclaves Vincent, Jean Marie, André et Germaine et de traitements barbares et inhumains sur d'autres esclaves sous son autorité.
Conduit devant nous en vertu d'un mandat de mener, le Sr Morette fut placé sous mandat de dépôt, immédiatement après son interrogatoire et l'information commença.
La nature des faits dénoncés, leurs fréquences, leur gravité et la période de temps qu'ils embrassent, ont nécessité l'audition d'un grand nombre de témoins.
Pour éviter toute confusion, nous vous proposons de présenter 1er tous les faits relatifs au régime disciplinaire adopté par le Sr Morette et que nous pouvons appeler faits généraux.
2ème les faits relatifs à la mort de Vincent.
3ème ceux relatifs à la mort de Jean Marie.
4ème les faits relatifs à la mort d'André.
5ème ceux relatifs à la mort de Germaine.
6ème et enfin les faits divers relatifs aux traitements barbares et inhumains exercés sur quelques autres esclaves.
[...]

1ᵉʳ Régime disciplinaire : hôpital et malades
Nous avons interrogé Morette dans le plus grand détail sur le régime disciplinaire de l'habitation ; il a constamment répondu avec le plus grand sang froid et si les témoignages recueillis n'étaient venus donner un éclatant démenti à ses paroles, il faudrait, au lieu de le poursuivre, lui décerner des éloges publics et proposer ses habitations pour modèle à l'[...] philanthropique des propriétaires d'esclaves.

Pour les fautes graves, une fustigation de 15 coups, pour les fautes moindres, la prison ou le bloc pour une nuit ; quant aux noirs indisciplinés en grand marronnage, le bloc et la barre de justice toutes les nuits pendant un certain temps, ce qui, dans le style du prévenu que nous avons fait s'expliquer sur ce point, veut dire un espace de temps dont le maximum serait de trois mois. Jamais le nombre de 15 coups n'a été dépassé, le prévenu affirme n'être jamais allé jusqu'à 30 ; pour les fautes légères, quelques coups de rotin sans lever le linge.

Ces corrections étaient administrées avec une petite corde en forme de garcette semblable à celle dont on se sert à la geôle pour les fustigations. Lorsqu'il s'agissait de fautes très graves, on ployait cette corde en deux doubles ; les noirs étaient couchés par terre sur le ventre et maintenus par deux de leurs camarades.

Tel est, d'après le prévenu, son régime disciplinaire ; nous l'avons fait parler lui-même sans rien changer aux termes de son interrogatoire.

Les témoins ont été loin de confirmer ces déclarations. En parcourant le volumineux dossier de l'information, on est frappé du nombre et de l'unanimité des témoignages. Hommes libres, esclaves, tous s'accordaient à signaler le prévenu comme un homme très dur avec les noirs et si les premiers ne s'expriment pas avec l'énergie qui éclate chez les derniers, on ne doit l'attribuer qu'à la réserve que les blancs apportent ordinairement dans cette matière. Malgré cette disposition, la vérité se fait jour et nous voyons les sieurs Desroches et Million (41ème et 45ème témoins) rendre compte d'un projet de location d'habitations, stipulant avec M. Camin, qu'ils ne seraient pas soumis à la discipline de Morette.

L'ensemble de toutes les dépositions, en y comprenant même celle de M. Manès père (53ème témoin) établit au procès comme un fait notoire la dureté du prévenu à l'égard des esclaves.
Les noirs entendus déposent avec la vivacité et l'énergie d'hommes qui ont souffert : l'un dit en parlant de M. Morette, <u>du feu, ça ne parle pas, brûle à vous</u>^{12} (19ème témoin) et un autre (39ème témoin) dépose : <u>M. Morette est un homme qui ne fait jamais grâce. Maintenant que je suis à St Denis, je suis du monde, au Bras des Chevrettes j'étais une bébête</u>, voulant parler des traitements qu'il y subissait.
Quoi de plus expressif que ces paroles ? Quoi de plus propre à porter la conviction dans les esprits ?
Aux dires de tous les témoins le prévenu ne connaissait qu'une chose, le fouet. Aussi avait-il imprimé une grande terreur à tout ce qui l'entourait et dès que les noirs le voyaient arriver, ils s'avertissaient en criant : voici le Matavo, mot malgache qui veut dire méchante bête, bête qui mange du monde, s'il faut s'en fier aux explications données par tous les témoins qui ont déposé de ce fait.
Le but de Morette était rempli car il dit quelque part dans son interrogatoire, qu'on ne peut faire aller les esclaves que par la crainte. […]
Morette se renferme dans le régime disciplinaire qu'il a décrit et traite de mensonge et de calomnie tout ce qui est de nature à démentir ses paroles.
La Cour aura à apprécier la valeur de cette dénégation en présentant des témoignages positifs, précis et concordants que nous devons analyser.
La prévention lui reproche aussi le régime de son hôpital. Le prévenu a été interpellé sur ce point, nous allons le laisser parler : les malades étaient soignés par nous-mêmes, les tisanes étaient faites par ma femme et moi. Les malades étaient nourris de ce qui venait de notre table et à nos frais. On leur donnait du vin au besoin et de la limonade gazeuse quand le docteur l'ordonnait ; ils ont le cange le matin et le manger de table à midi. Les vivres restant de leur ration sont donnés le lendemain aux noirs les plus faibles ; jamais je n'ai mis un malade au bloc

---

^{12} Souligné par le juge d'instruction.

et jamais je n'en y aurais mis aucun jour quelque saison que ce fut : l'hôpital était d'ailleurs sous clé.
Que répond l'information à ce langage ? Elle le contredit formellement avec la presque totalité des témoins et notamment les 14ème et 38ème qui ont été tous deux employés à l'hôpital (voir aussi les 2ème et 17ème témoins). [...]
Nous avons interrogé sur ce chef, M. Legras, médecin de l'habitation et nous devons dire que ses paroles ont été favorables à Morette ; il déclare qu'il a vu celui-ci donner les soins les plus assidus aux malades ; que dans certaines convalescences, il prescrivait souvent du poulet, du poisson et autres aliments de table et que toujours dans ce cas, ses prescriptions étaient exécutées avec soin, l'hôpital entier était bien tenu.
Cette déposition toute favorable qu'elle soit, viendrait cependant à l'appui de celles relatives au bloc. Les noirs malades ne sont pas mis au bloc, dit M. Legras et il ajoute : quand j'en trouvais dans cette position (il y en avait donc ?), je les faisais retirer à l'instant, dès que j'avais reconnu leur état de maladie.
Sans vouloir attaquer ici le témoignage de M. Legras, nous pensons qu'il a vu l'hôpital du Bras des Chevrettes un peu en beau. Loin de nous la pensée d'accuser le témoin d'une complaisance coupable mais nous disons que lorsqu'il a déposé, il n'était pas dans la position désintéressée d'un témoin ordinaire. Et en effet, accuser M. Morette d'avoir un hôpital mal tenu, de mettre les malades au bloc, n'est ce pas accuser en même temps le médecin de l'établissement qui aurait souffert de telles choses sous ses yeux, n'est ce pas l'accuser de manquer au premier devoir de sa noble profession, lui qui de par l'humanité et la science, omettait de s'interposer entre la souffrance de l'esclave et l'inhumanité du maître ? Dans le système de la prévention, il aurait participé à quelques-unes des fautes de Morette ; sa déposition dès lors n'est pas une complaisance pour celui-ci mais une espèce de justification pour lui-même.
Le caractère honorable de M. Legras nous impose les plus grandes réserves ; nous ne pouvons cependant dissimuler à la cour les impressions dont nous avons été saisis à la lecture de sa déposition [...]

6ème *Traitements barbares et inhumains à l'égard de plusieurs esclaves soumis à l'autorité de Morette.*

Si la loi a consacré le pouvoir du maître sur l'esclave, elle n'a pas cependant négligé les mesures de prévention de nature à en réprimer l'abus.

De tout temps elle a couvert l'esclave de sa protection et bien qu'on pût désirer plus de précisions dans les ordonnances répressives de cet abus, les Lettres patentes de 1723, combinées avec les dispositions du Code pénal applicables à certains cas spéciaux, peuvent encore suffire à la répression. Elles choquent nos idées modernes en laissant une trop grande latitude au magistrat car elles ont vu le jour sous l'empire de ce que l'ancienne législation appelait peines arbitraires.

C'est à la sagesse de ces magistrats à concilier par une impartiale et sévère application les droits de la répression et ceux de l'humanité. A eux le soin de proportionner la gravité de la peine à la gravité des faits quand ceux-ci ne peuvent pas se plier naturellement à quelque texte positif du Code pénal. Dans tous les autres cas, ce code leur fournira de puissantes analogies. Ce sera pour eux le fil conducteur qui doit les diriger dans l'application actuelle d'anciennes ordonnances qui sont empreintes d'idées pénales rejetées et renversées depuis longtemps par les jurisconsultes philosophes et par la législation positive.

Avant d'indiquer sommairement les faits du procès qui nous paraissent constituer des traitements barbares et inhumains, une courte explication est nécessaire pour s'entendre sur la portée de ces paroles.

La loi, en accordant au maître la discipline de l'esclave a voulu lui donner un moyen de s'assurer de l'obéissance et du travail de celui-ci. Nous déplorons sincèrement que de tous les châtiments corporels on ait choisi le plus dégradant pour l'homme et nous espérons pour notre part que cette odieuse peine de la flagellation qui afflige nos yeux à chaque ligne des ordonnances concernant les esclaves aura bientôt disparu de notre législation coloniale, comme déjà elle a disparu d'un grand nombre d'ateliers de la colonie.

Quoiqu'il en soit le droit de correction dominicale, disions-nous, n'existe que dans l'intérêt du travail et de l'ordre : l'esclave n'est point livré, pieds et poings liés, à son maître, toute correction infligée sans que l'esclave ait commis une faute portant atteinte à la sûreté et à la continuité du travail ou à l'obéissance et au respect qu'il doit à son maître, est à nos yeux un traitement barbare et inhumain ; toute correction hors de proportion avec la faute commise constitue pour nous un traitement du même genre. Enfin, toute aggravation, tout raffinement dans l'application de la peine prend à nos yeux le même caractère.

Le maître exerce la justice vis-à-vis de l'esclave, il doit donc procéder comme elle : répression des fautes, proportion de la peine au délit, humanité dans l'application de la peine ; voilà comment nous comprenons son pouvoir ; en un mot, l'esclave est soumis à la justice de son maître, il n'est pas abandonné à ses caprices ; le maître ne peut franchir le cercle que nous venons de tracer, sans offenser la loi pénale.

Ces idées doivent nous éclairer dans l'appréciation des faits de ce procès ; un mot d'abord sur Jean Marie et André. Les faits qui les concernent ne nous ayant pas paru pouvoir servir de fondement à une prévention de meurtre, nous les avons retenus comme constituant des traitements barbares et inhumains.

1° tous les témoins de l'information établissent que depuis son dernier marronnage, Jean Marie a été, jusqu'à sa mort, en butte à des corrections et à des coups qu'aucune faute déterminée ne peut expliquer ; il avait été marron ; cela suffisait pour qu'il fût constamment corrigé et battu. Nous concevons très bien qu'on prenne à l'égard des marrons toutes les précautions nécessaires pour prévenir de nouvelles évasions, et certes Morette n'y manquait pas ; mais lorsqu'un marron est puni à son retour en recevant une fustigation, comme Morette savait les faire donner et au besoin les donnait lui-même, il doit être soumis à la même discipline que les autres esclaves. Il n'en était pas ainsi sur l'habitation du Bras des Chevrettes ; le noir marron était recommandé et quoiqu'il fît, il était toujours battu. C'est ainsi que ce jeune homme très fort a été peu à peu réduit à un état de faiblesse et d'épuisement qui a abouti à sa mort et si nous avons écarté la prévention de meurtre, c'est que nous avons pensé que les deux marronnages de Jean Marie avaient pu contribuer dans une certaine mesure à déterminer chez lui l'état d'épuisement dont nous venons de parler.

2° Nous ne reviendrons pas sur ce que nous avons dit d'André : la correction de cent coups qu'Hyppolite déclare lui avoir administrée est évidemment un traitement barbare et inhumain. André était un vieux commandeur dont M. Victor Deroland avait été toujours satisfait, il le recommanda spécialement à Morette qui n'aura aucun égard à cette recommandation. Le pauvre André était exposé à la brutalité de Morette, tantôt il recevait 30 coups de corde parce que les charretiers dont il était le commandeur n'apportaient pas assez de cannes au moulin par un temps de pluie et de boue qui rendait la marche des animaux pénible et difficile, tantôt parce que les engagés ne se rendaient pas assez vite à l'appel.

André, vieux et malade, était à l'hôpital ; chaque matin Morette lui reprochait de ne pas travailler et le bourrait à coups de clefs dans la poitrine.

Tous les témoins de l'information sont là pour attester ces faits.

3° Constant avait été envoyé en commission à St Denis ; il revenait le même jour à l'habitation ayant sur la tête un lourd panier contenant de la vaisselle pour Morette. En arrivant à St André, il se sentit malade, il avait la fièvre. Passant devant la maison de son maître et ne se sentant pas la force d'aller plus loin, il entre et y passe la nuit, après avoir eu la précaution de faire dire à M. Morette par un noir de la bande qu'il était malade et s'était arrêté chez son maître ; à son retour sur l'habitation, il reçut 30 coups de fouet sur la roche.

Morette voulait, à ce qu'il paraît, éviter toute communication entre M. Deroland et ses esclaves ; il les faisait surveiller et ceux qui mettaient les pieds chez leur ancien maître subissaient le sort de Constant (27ème et 34ème témoins) […]

Nous avons fait visiter Modeste, Adèle et Manuel, par le docteur Ste Colombe qui a constaté l'existence des coups dans son rapport du 20 septembre 1845.

5° une autre fois et pendant la seconde grossesse de Modeste, Morette, sans autre motif que sa jalousie, fait appeler cette négresse au magasin : là, en présence d'Adèle et de son fils Jean Baptiste, il la fait saisir par Baptiste et Ipsilantis, et lui-même relevant sa robe d'une main, lui administre une violente fustigation ; les témoins de ce fait racontent que Morette se reposait lorsqu'il était fatigué, pour reprendre ensuite avec plus *de force son abominable besogne : il ne cessa de frapper que lorsque Modeste tomba en faiblesse.*

L'âme se révolte au récit de pareilles turpitudes : quoi de plus dégoûtant que l'autorité du maître employée à assouvir les basses passions d'un régisseur ! Quels termes employer pour qualifier la conduite de Morette quand on songe que la femme qu'il traitait ainsi était enceinte de ses œuvres !

Modeste a mis au monde, trois mois après, un enfant qui est mort le jour même de sa naissance.

Nous avons voulu vérifier l'influence que les coups subis par la mère avaient pu exercer sur l'enfant qu'elle portait ; M. le docteur Ste Colombe dans le rapport cité plus haut déclare qu'il est loin de supposer que la mort de l'enfant ait été causée par les coups que la mère a pu recevoir puisque son enfant a vécu pendant trois mois de la vie intra-utérine. (Voir les 15ème, 21ème, 24ème, 33ème et 35ème témoins).

6° Les esclaves Luc et Mars se plaignent d'avoir été rudement traités. Le médecin, dans le rapport que nous avons déjà cité, constate que Luc en raison de ses nombreuses cicatrices sur les fesses a dû être flagellé un assez grand nombre de fois et que Mars est celui qui a le plus souffert soit du bâton soit du fouet.

Tous les faits que nous venons de signaler entre tous ceux que l'information présente, ont évidemment le caractère de traitements barbares et inhumains : Morette en effet ne se sert pas de son autorité pour réprimer des fautes, il s'en sert comme d'un instrument commode pour servir ses caprices et ses passions.

Ne fut-il pas tombé dans ces incroyables excès que la manière dont il faisait infliger ces punitions le rendrait passible de la loi pénale.

On n'a pas oublié la roche de la plate-forme : en supposant la punition infligée justement, cette aggravation constituerait à elle seule un traitement barbare et inhumain de la nature de ceux dont parle l'article 19 des Lettres patentes.

Morette nie le fait, et il a raison, mais tous les témoins n'ont qu'une seule voix pour l'attester, et les 7ème, 8ème, 20ème, 27ème et 39ème déclarent avoir été fustigés sur la roche de la plate-forme. Et cet homme qui dans une de ses lettres à M. Camin (du 14 septembre 1843) raille froidement les esclaves qu'il traitait si inhumainement <u>sur leur dignité de citoyen</u> appelait sa roche <u>la</u>

mairie. Horrible ironie en présence des faits du procès ! Le même homme n'appelait plus le noir Athibes de son nom ordinaire, il l'avait appelé le commissaire le raillant ainsi du peu de succès d'une plainte qu'il avait portée à ce magistrat. Athibes (20ème témoin) qui rapporte ces deux faits les a-t-il inventés ? Nous ne le pensons pas quant à nous. Ces plaisanteries sortent du cercle ordinaire des idées des noirs et sont au contraire dans le goût de celles que se permettent quelque fois quelques habitants (rares heureusement dans la colonie) qui ne peuvent supporter sans humeur que la loi et les officiers chargés de son exécution viennent se poser entre le maître et l'esclave.

Nous avons parcouru les faits principaux de la longue et volumineuse information à laquelle nous nous sommes livrés. Il ne nous reste plus avant de conclure qu'à rendre compte de l'accusation que Morette élève contre M. Camin : il prétend dans son interrogatoire que celui-ci qu'il considère comme son seul adversaire a réuni ses noirs pour les engager à déposer comme ils l'ont fait ; il ose même dire que chaque commandeur a reçu une gratification de dix francs à cette occasion.

Nous ne croyons, quant à nous, à de telles accusations qui lorsqu'elles sont prouvées, et quelque soient les torts de M. Camin dans cette affaire, son caractère repousse suffisamment la subornation dont on l'accuse. Nous avons eu le soin de questionner sur ce point quelques-uns des esclaves indiqués par Morette, tous ont répondu négativement.

Une accusation de la même nature a été portée contre Morette par le 11ème témoin, l'indien Moutousamy ; il prétend que Morette lui a même offert deux cents francs pour ne pas déclarer ce qu'il avait vu : que lui ayant répondu qu'il ne voulait pas se faire mettre en prison, Morette lui aurait dit qu'il était capable de l'en faire sortir.

Dans ces circonstances et par les considérations, nous estimons qu'il y a lieu par la Cour de déclarer suffisantes les charges élevées contre le Sieur Morette à raison des faits signalés ci-dessus.

En conséquence, de le renvoyer devant la Cour d'Assises de l'arrondissement du vent comme accusé :

1ᵉʳ *D'avoir dans le courant de l'année 1843, porté volontairement et fait porter des coups à l'esclave Vincent soumis à son autorité, lesquels coups, portés sans intention de donner la mort, l'ont cependant occasionnée.*

2ᵉᵐᵉ D'avoir dans le courant de l'année 1844 porté volontairement et fait porter des coups à l'esclave Germaine soumise à son autorité, lesquels coups, portés sans intention de donner la mort, l'ont cependant occasionnée.

3ᵉᵐᵉ D'avoir dans le courant des années 1842, 1843 et 1844 exercé des traitements barbares et inhumains sur des esclaves soumis à son autorité et notamment sur Jean Marie, André, Constant, Modeste, Adèle, Jean Baptiste fils d'Adèle, Manuel, Luc, Mars, Amédée, Lespérance, Athibes et Adonis.

Crimes punis par les articles 19, 37 et 38 des Lettres Patentes de 1723.

Déclare qu'il y a lieu à suivre contre le Sr Morette de la prévention de meurtre qui aurait été commis sur la personne de Jean Marie et d'André.

St Denis, le 26 novembre 1845.
Le juge d'instruction Massot

Matavo, celui qui mange les hommes

Ce terme apparaît à de nombreuses reprises dans les interrogatoires des esclaves et même dans le réquisitoire du procureur du Roi.

Pour les esclaves malgaches, comme Jolicoeur, « *matavo* » est un mot malgache correspondant à une bête, à un animal. Dans le groupe des esclaves africains, selon Ipsilantis, « *voilà le matavo, veut dire voilà la méchante bête qui vient.* » Pour Hector, « *c'est une bête qui mange le monde dans les grandes terres* » et pour Adonis, « *ce mot veut dire en langage cafre une bébête qui mange du monde.* »
D'après Auguste dit Béquet, recensé comme Arabe, cela veut dire « *bébête qui mange le monde* ».
Jeannot relate les paroles de Morette à Vincent, à son retour de marronnage :
« *Bonne viande, je vais te manger.* »
Le juge retiendra que Matavo est un mot malgache qui veut dire « *méchante bête, bête qui mange du monde, s'il faut s'en fier aux explications données par tous les témoins qui ont déposé de ce fait* ».
De nombreux esclaves vont également insister sur le fait qu'ils étaient traités comme des bêtes, comme des animaux.
La terreur qu'inspirait Morette à ces hommes, sans doute plus forts que lui physiquement, reposait sur l'aspect terrifiant de son comportement violent, sans raison. Niant l'humanité des esclaves, ceux-ci lui renvoyaient la qualification de bestialité.
C'est cette terreur qui permet à Morette de gérer plus d'une centaine d'hommes sans connaître la moindre agression de leur part.
Aucune violence envers Morette ne sera le fait des esclaves. Il est certain que l'état d'épuisement et la faiblesse mentionnée régulièrement par les esclaves comme les touchant fréquemment, cela allié à une alimentation sommaire peuvent expliquer qu'il n'y ait pas eu de rébellion physique envers le régisseur.
Les résistances vont apparaître essentiellement dans la fuite de l'habitation et le marronnage.
Plusieurs vont donc s'enfuir. Le nombre d'esclaves marrons durant l'époque où il gère la propriété est considérable. Les

marronnages sont multiples, c'est-à-dire que revenus ou capturés, ils repartent.
Morette prend ses fonctions le 1 juillet 1842. Phémie est la première à être qualifiée de marronne le 25 août 1842, elle repart le 22 février 1843 en compagnie de deux autres esclaves; Le 27 août 1842, trois autres esclaves s'enfuient. Dans les mois et années qui suivent, le bureau du marronnage de Saint-André va comptabiliser 51 cas de marronnage sur cette habitation.
Charly, cafre, s'enfuira le 9 septembre 1842, le 17 janvier 1843, le 22 février 1843 et le 12 mars 1844. On ignore la durée de chaque marronnage mais les déclarations n'étant pas faites avant une semaine, cela indique un minimum de temps de fuite.
Fortuné, cafre, marron dès le 27 août 1842, repart le 4 janvier 1843, puis le 27 février, le 23 juillet de la même année et le 29 avril 1844.
Enfin, Joseph, esclave malgache, s'échappera en 1844, le 25 janvier, le 9 février et le 12 mars.

D'autres éléments attestent de la crainte élevée de ces esclaves par rapport à Morette. Le terme de « *peur* » revient régulièrement dans leurs déclarations et c'est ce sentiment qui semble régler leur vie au Bras des Chevrettes.
Dans l'acte d'accusation, il est affirmé que les esclaves avaient une telle frayeur de Morette que lorsqu'il apparaissait sur les ateliers, « *il se faisait le plus grand silence, on n'entendait plus le bruit des pioches.* »
Pierre, créole de 25 ans, ira s'accuser d'un vol au Commissariat de Sainte Suzanne pour ne pas retourner sur l'habitation. Il sera condamné pour ce vol inventé. Il était parti marron le 16 août 1844.
Le commissaire de police de Saint-André fournit d'autres éléments :
« *Le 22 décembre 1844, un noir nommé Fortuné qui était renvoyé de St Denis pour être remis sur l'habitation Camin, tenta de couper le col d'un noir nommé Juste appartenant à MM. Laserve et Tourris qui se trouvait avec lui au bloc de St André. Fortuné me déclara qu'il s'était porté à ce crime à l'effet de se faire condamner pour ne pas retourner sur l'habitation où il*

était maltraité. *J'ai envoyé les pièces de cette affaire à St Denis le même jour 22 décembre.*

Quelques jours après, un noir de M. Camin nommé Lespérance qui ainsi que Fortuné était renvoyé de St Denis à l'habitation, jeta une pierre à la tête d'un jeune noir nommé Fabien, esclave de la dame Trovallet et lui fit une blessure. *Ce jeune noir était au bloc avec Lespérance. Je crois me rappeler que dans l'interrogatoire qu'il subit, il déclara qu'il ne voulait pas retourner à l'habitation Camin où il était malheureux.*

Précédemment, Lespérance, selon Crescent, avait « *tenté de se couper le col parce qu'il était mis aux fers* ».

Lunel, qui sera revendu en 1844 à un autre propriétaire, témoigne ainsi de ce climat permanent d'angoisse chez les esclaves :

« *J'étais vendu à M. Camin par la marine de St Denis et je suis resté un an sur l'habitation du Bras des Chevrettes. La première semaine, je fus bien traité ; après ce temps je commençais d'avoir de la misère. Un jour M. Morette en visitant la bande vint derrière moi et dit en me voyant travailler à la pioche : ce n'est pas comme ça qu'il faut haler la pioche, il faut le faire à la course et devant soi. Il appela en même temps le commandeur et lui dit : Hyppolite montre à ce noir comment il faut haler la pioche ; celui-ci me donna alors une correction à coups de corde ployée en double. Depuis lors, je fus plusieurs fois fustigé, couché par terre, sans avoir rien fait. Il fallait avec M. Morette travailler à la course. Au moment où il venait visiter la bande, il faisait toujours corriger quelques noirs sans distinguer ceux qui travaillaient bien des autres. Après mon retour de St Denis où j'avais été porter plainte, je fus enchaîné et je fus mené si durement à coups de rotin ou à coups de corde que j'en devins maigre. Quand M. Morette était là aux heures des repas, je ne pouvais pas manger, tant j'avais peur et si je n'avais pas brisé mes chaînes pour me sauver à St Denis, je serais certainement mort aux Bras des Chevrettes.*

M. Morette est un homme qui ne fait jamais grâce et maintenant que je suis à St Denis, je suis du monde. »

Morette voulut acheter trois esclaves à Camin, sans doute pour les envoyer sur son habitation de Sainte-Marie : Saint Ange, Manuel et Amédée. Les deux derniers supplièrent Camin de ne pas les vendre à Morette. Saint Ange ne se manifestât pas et il faut noter que sa femme est la seule esclave à être classée comme témoin à décharge de Morette.

C'est donc l'image d'une sorte de monstre que dessinent les divers témoignages, tant ceux des esclaves que la plupart des témoins Blancs ou Libres. C'est ainsi que Léonce Cadenet qualifie de barbare la dureté de Morette.

En janvier 1845, M. Desroches, qui projetait de racheter une grande propriété à Saint-André avec Camin lui fixe cependant une condition, qu'en aucun cas Morette ne soit régisseur de cette propriété étant donné sa manière de traiter les esclaves Moutousamy, responsable des engagés indiens déclare que :

« *M. Morette est méchant et très exigeant au travail et qu'il fait fouetter tous les noirs indistinctement trouvant toujours qu'on ne travaille pas assez.* »

Deroland en parle ainsi :

« *M. Morette a dans le quartier la réputation d'un homme dur, susceptible, emporté, on prétend même qu'il a battu sa femme. Il est à ma connaissance qu'il entretient un commerce avec les négresses sous les yeux de sa femme.* »

Il n'y a dans la procédure judiciaire aucun témoignage de la femme de Morette.

A lire les interrogatoires des Blancs, témoins à charge ou décharge, une impression de crainte diffuse se dégage chez eux aussi. Tout le monde finalement avait peur de Morette, de son comportement violent, de ses accès de fureur qui pouvaient survenir à tout moment pour le motif le plus futile.

Son autorité ne repose que sur la violence, la certitude d'être dans son bon droit et l'incapacité à envisager la moindre dépendance. En ce sens, il est le véritable maître de l'habitation et des esclaves.

Dans ses courriers rédigés quelques mois avant son arrestation ainsi que dans ceux qu'il écrira depuis la prison, on ne trouvera nul regret de ses actes, aucun aveu sur ses crimes, quasiment aucune prise de conscience de la cruauté de ses comportements et un déni certain de ses pratiques cruelles. Il ne reconnaît comme faute qu'une fustigation de Germaine devant les sœurs de Camin.

Dans un courrier adressé à Camin en octobre 1844 sont concentrées la susceptibilité, l'arrogance et la quasi paranoïa de Morette :

« *Mon cher Monsieur Camin*

J'ai remarqué que l'influence de Germaine est grande près de vous à mon égard et depuis que vous prêtez l'oreille aux calomnies fausses et injurieuses que cette vile esclave lance contre moi, vous ne venez plus ici que pour me quereller, chose dont je ne suis point accoutumé et ne reçois de morale de qui que ce soit qui ne soit bien fondée, calme et modérée. Si ce que vous faites est dans le but de me repousser de chez vous, prenez une ligne plus droite et vous arriverez plus facilement à votre but, chose que j'avais prévue et convenue avec vous bien avant mon entrée chez vous. Je vous engage à garder ce sujet chez vous afin que le temps vous apprenne à la connaître puisque son influence ici contrebalance de si grands intérêts. Il eut été facile de me placer dans les bonnes grâces de cette négresse mais ma dignité d'homme me le défendait et ne vois que vos intérêts pour guide ; voyez où nous en sommes venus pour avoir prêté l'oreille aux noirs, ce qui a suffi à briser la bonne intelligence qui existait entre nous. De mon côté je me suis promis de gérer consciencieusement vos biens et le ferai aussi longtemps que je pourrai puisque des capitaux majeurs n'ont pas pu m'ébranler de ce lieu de mes tourments et quand je ne pourrai plus tenir, je m'en irai gaiement chez moi en priant Dieu de vous procurer beaucoup de sujets qui vaillent mieux que moi à l'égard de planteurs ainsi que je vous l'ai dit tant de fois en vain, ouvrez leur votre coffre ainsi que le font vos autres collègues et vous aurez tous ceux qui ne sont pas engagés et les querelles que j'ai eues avec eux et au péril de ma vie n'ont été que pour vos propres intérêts et si vous preniez mes intérêts là-bas comme je prends les vôtres ici, cela m'exempterait de bien des désagréments.

Ce qui est de vos sœurs, ma femme et moi avons fait tout ce qui était en notre pouvoir de se faire pour leur être agréable et nous pouvons le dire avec gloire que nous avions parfaitement réussi jusqu'au moment où Germaine et Azénor sont venus se mettre en travers devant nous mais nous avons la conscience

nette et n'avons rien à nous reprocher. Votre très dévoué, Morette. »
Par mandat de dépôt daté du 5 septembre, il sera emprisonné dans la geôle de Saint-Denis. Dans un courrier adressé au juge d'instruction le 27 septembre 1845, il se présente comme bon père et bon époux :
« *Monsieur, c'est en vous priant d'excuser la liberté de ma demande que je me permets de vous adresser cette supplique. Mes affaires sont dans le plus grand et le plus désastreux état par le fait de ma retraite forcée. Tous les jours j'ai à communiquer à mon mandataire dehors soit à ceux même auxquels j'ai affaire, soit enfin à M. Ménardière mon avocat les notes qui sont nécessaires pour l'arrangement de mes intérêts pour la défense de ma cause. Mes parents sont privés du plaisir de me voir et cependant, Monsieur, vous comprendrez, j'en suis convaincu, le désir d'un époux, d'un père, d'embrasser ses enfants, de pouvoir, quoique détenu, aider de ses conseils ceux qui lui sont le plus chers.* »

Parole à la défense
(Interrogatoire de Henry Morette par le juge d'instruction, le 5 septembre 1845.)

« *L'an 1845, le cinq août par devant nous Joseph Alexandre Massot, juge d'instruction près du Tribunal de Première Instance de St Denis, île Bourbon en notre chambre d'instruction sise au palais de justice, assisté de Maître Bédier et Dumauser commis greffier, a comparu le sieur Morette prévenu de traitements barbares et inhumains que nous avons fait extraire de la geôle et que nous avons interrogé des manières suivantes.*
Demande : Quels sont vos nom, prénom, âge, profession et demeure ?
Réponse : Je me nomme Henri Morette, j'ai quarante-quatre ans, je suis né à St Denis, je suis habitant domicilié à Ste Marie et demeurant actuellement sur l'habitation Deroland quartier de St André où je suis régisseur pour le compte de l'antichrèse Camin et Cie.
D : A quelle époque êtes-vous rentré sur l'habitation que vous gérez actuellement ?
R : Je suis entré le premier juillet 1842 moyennant cinq mille francs de traitement annuel, la jouissance des fruits des vergers et jardins et de plus la faculté d'élever pour mon compte toute espèce d'animaux.
D : Lorsque vous êtes entré sur l'habitation dans quel état avez-vous trouvé la bande de noirs ?
R : Dans le dénuement le plus complet manquant de nourriture et de vêtements, toute la propriété était du reste dans le plus pitoyable état. Les noirs n'étaient pas logés, aussi le Procureur du Roi me fit-il des reproches dans la tournée de l'année mil huit cent quarante deux. Dans sa tournée du mois de mai dernier, M. le Procureur m'a fait trois compliments sur les améliorations que j'avais introduites pour le logement et sur l'état de bien-être dans lequel se trouvaient les noirs.
D : Quel était le régime disciplinaire établi par vous sur l'habitation ?
R : Voici quel est le régime disciplinaire que j'avais établi primitivement : pour les fautes graves, une fustigation de quinze coups de fouet, pour les moindres fautes la prison pour une nuit

au bloc pour le même temps. Quant aux noirs indisciplinés ou aux grands marronneurs, on les mettait au bloc et à la barre de justice toutes les nuits pendant un certain temps ; il y en avait un assez grand nombre sur l'habitation attendu que M. Camin avait acheté le rebut des noirs de la marine de M. Piveteau.
D : Qu'entendez-vous par un certain temps de bloc ?
R : Le maximum était de trois mois.
D : Quel était le mode de correction employé sur l'habitation ?
R : Pour les fautes légères, c'était quelques coups de rotin appliqués sans même lever le linge, pour les fautes graves, les coups de fouet étaient appliqués aux noirs couchés par terre sur le ventre et maintenus dans cette position par deux des camarades.
D : De quel instrument se servait-on pour les fustigations ?
R : D'une petite corde en forme de garcette semblable à celle dont on se sert à la geôle pour les fustigations.
D : Cette corde était elle pliée en plusieurs doubles ?
R : Elle était quelquefois pliée en deux doubles.
D : Dans quelles occasions aviez-vous recours à cette aggravation ?
R : C'était lorsqu'il s'agissait de fautes les plus graves.
D : Les fustigations que vous avez fait administrer pendant la période dont nous parlons n'ont-elles jamais dépassé le nombre de quinze coups ?
R : Non, Monsieur, jamais.
D : Vous n'êtes jamais allé jusqu'à trente ?
R : Jamais, cela aurait été inutile attendu que les noirs qu'on fustigeait étaient presque incorrigibles.
D : Quel était le régime des esclaves à l'hôpital ?
R : Ils étaient soignés par nous-mêmes : les tisanes étaient faites par ma femme et moi ; les malades étaient nourris avec ce qui venait de notre table et à nos frais ; on leur donnait du vin au besoin ainsi que de la limonade gazeuse quand les médecins l'ordonnaient.
D : Les malades n'étaient-ils pas mis au bloc ?
R : Jamais aucun n'y a été mis ; et jamais je n'y aurai mis aucun pour quelque raison que ce fut. L'hôpital était d'ailleurs sous clef.

D : On assure pourtant que les noirs malades sont mis au bloc par les deux pieds, qu'ils ne mangent que du cange et que leurs rations de vivres sont données à vos cochons. On dit aussi que les noirs qui prennent médecine sont attachés au bloc par un seul pied.

R : Tout cela est faux ; les noirs malades sont traités comme je vous l'ai dit tout à l'heure : le cange le matin et le manger de table le midi ; les vivres restant de leurs rations sont données le lendemain aux noirs les plus faibles.

D : Quelles étaient les mesures de surveillance que vous preniez à l'égard des marrons capturés ?

R : Ils étaient mis aux fers en arrivant pendant un temps plus ou moins long suivant leur bonne ou mauvaise conduite ; en sortant des fers, on les conduisait au travail sous la surveillance d'un noir.

D : Quand le marron s'échappait de nouveau, le surveillant n'était-il pas mis aux fers à sa place jusqu'à ce que le marron se représentât ?

R : Cela est arrivé deux fois dans l'espace des trois années ; les surveillants furent mis aux fers pendant quatre jours pour le maintien de l'ordre.

D : Vous rappelez vous des noms des noirs qui ont été ainsi mis aux fers ?

R : Ce sont les nommés Hercule et Hyppolite, les commandeurs qui n'étaient pas pour cela meilleur sujet que les autres.

D : Quand vous alliez vous-même sur les travaux, ne battiez-vous pas les noirs ?

R : J'allais tout au plus une heure chaque jour avec chaque bande. Jamais je n'ai de ma personne frappé un noir d'habitation. J'avais pour faire les travaux des surveillants blancs.

D : Ces surveillants n'avaient-ils pas ordre de frapper indistinctement les noirs qui restaient en arrière sans s'informer si c'était par défaut de forces ou par suite de mauvaise volonté.

R : Je n'ai jamais donné d'ordre semblable et il n'est pas à ma connaissance que ce dont vous me parlez soit jamais arrivé. Loin de là, je retirais les noirs faibles des menées difficiles pour les reporter dans des menées plus aisées. Jamais les forts n'ont

travaillé avec les faibles et toujours nous avons eu bande séparée.
D : Les fustigations se donnaient-elles ailleurs que sur la plateforme ?
R : Les fustigations de quinze coups se donnaient toutes sur la plate forme sous mes yeux. Personne que moi dans l'habitation n'avait le droit de les faire infliger.
D : Ne vous est-il pas arrivé quelquefois de frapper vous-mêmes le commandeur quand il n'appliquait pas une correction assez forte ?
R : Jamais.
D : Vous affirmez donc de nouveau que les fustigations n'ont jamais dépassé quinze coups ?
R : Oui, Monsieur, je l'affirme.
D : La garcette n'a-t-elle jamais été ployée en quatre ?
R : Jamais, attendu qu'elle n'avait pas deux pieds de long ou si elle les avait, c'était tout au plus.
D : Les noirs qu'on fustigeait n'étaient-ils pas placés sur une roche devant la forge avec un noir assis sur le col pour les maintenir indépendamment de ceux qui les tenaient par les mains ?
R : Cela n'a jamais eu lieu, les fustigations étaient données à toutes les places de la plate forme sans distinction et sur les chiendents de préférence pour ne pas abîmer leurs vêtements. Quand les deux noirs qui tenaient les mains ne suffisaient, deux autres tenaient les pieds, cela ne s'est jamais fait autrement.
D : Ne faites-vous pas battre les noirs qui laissaient pousser leur barbe jusqu'à ce qu'ils l'aient coupée ?
R : Je n'ai jamais fait cela. Au contraire, lorsque je voyais des noirs qui ne pouvaient pas le faire eux-mêmes, je les faisais raser par d'autres.
D : Pendant que les noirs étaient soumis au régime que vous venez de détailler, y avait-il beaucoup de marrons ?
R : Dans la période dont nous parlons, je n'ai jamais payé pour frais de capture que vingt ou vingt deux piastres par an sur une moyenne d'environ quatre vingt noirs ; c'était presque toujours pour les noirs provenant de la marine.
D : Pendant les mêmes périodes de temps, le nombre de malades a-t-il été considérable ?

R : Pas plus qu'il ne l'a été plus tard après la suppression de la fustigation.
D : Quelle a été la mortalité pendant la même période ?
R : Environ deux pour cent, c'est très peu si l'on considère que le climat de St André et celui des Bras de Chevrettes où est l'habitation est très [...] froid et malsain. Du reste, M. Deroland perdait beaucoup plus de noirs et M. Lagourgue et Mme Lory qui sont des voisins qui passent pour de très bons maîtres et qui font très peu travailler les noirs perdent bien davantage quoique leurs établissements soient bien moins exposés que l'Etablissement Deroland. J'attribue les résultats meilleurs que j'ai obtenus aux soins que j'avais de traiter les noirs faibles ou malades avec les mets provenant de ma table et aux distributions de vin qui leur étaient faites en cas de nécessité. D'ailleurs, avant que M. Camin ne prît l'antichrèse Deroland, j'ai pendant un an bataillé avec lui pour l'empêcher de faire cette affaire que je considérais comme ruineuse à cause de l'insalubrité du climat et de l'infertilité des terres.
D : Pendant que les noirs étaient soumis au régime disciplinaire dont nous parlons, n'y a-t-il pas eu plusieurs plaintes portées contre vous par quelques-uns de ces noirs ?
R : Une plainte a été formée par la nommée Euphémie mais elle fut reconnue mal fondée et cette négresse fut fustigée et mise aux fers par ordre de M. Buttié alors commissaire de police. Plus tard et sans pouvoir actuellement préciser l'époque, une plainte fut portée par les nommés Athibes, Songor, Lespérance, Auguste dit Béqué et Alexis ; elle fut également reconnue mal fondée et ces noirs furent mis aux fers après avoir été fustigés en présence de la bande, par la police. On m'a dit que cette correction avait été donnée par ordre de M. le Procureur Général.
D : D'autres noirs ne se seraient-ils pas plaints encore soit à M. Camin soit à la police ?
R : Un nommé Mars s'est plaint contre M. Désiré Marie, régisseur sous mes ordres, et qui à mon insu avait maltraité ce noir à l'établissement du bas distant d'une lieue de celui du haut. Plus tard, la nommée Germaine est allée se plaindre chez M. Camin à St Denis où elle est morte.

D : M. Camin ne vous a-t-il pas défendu par la suite de toutes ces plaintes de corriger à l'avenir les noirs de l'habitation ?
R : Oui et le fouet fut suspendu immédiatement.
D : A quelle époque et à quelle occasion cette défense vous fut-elle faite ?
R : Je crois si ma mémoire ne me trompe pas que c'est en octobre mille huit cent quarante quatre.
D : Ne lui avez-vous pas écrit à cette occasion une lettre blessante pour lui ?
R : Je ne faisais que répondre au style de ses lettres et les miennes étaient encore plus ménagées que les siennes.
D : Depuis la suppression du fouet, quelle a été la conduite de la bande ?
R : Plus indisciplinée que jamais. La prison et le bloc qui étaient mes seuls moyens de punition ne font aucun effet sur eux attendu que les noirs n'agissent que par crainte. M. Camin m'avait même dit de vive voix le vingt sept août dernier, de faire travailler le dimanche les noirs que je voudrais punir, ce que je me suis bien gardé de faire de peur d'être poursuivi.
D : Avez-vous remarqué une différence dans le marronnage et les malades et les morts ?
R : Aucune.
D : Quel est au juste le nombre de noirs de l'établissement, des noirs à loyer et des engagés ?
R : L'établissement possède environ quatre-vingt noirs ; il y a de plus quatre noirs loués, seize engagés indiens et douze engagés cafres.
D : N'avez-vous pas des noirs à vous dans l'établissement ?
R : Sur les quatre noirs que je viens de porter comme loués, trois m'appartiennent. Ils sont attachés à l'établissement par un sous seing privé ; ils s'appellent Fortuné, Claire et Balthazar.
D : A quel régime sont soumis les engagés ?
R : J'envoie les Indiens à la police qui les retient quelques jours en prison. Quant aux cafres, le procureur du Roi a défendu de les mettre en prison de sorte que je n'ai contre eux aucun moyen d'action.
D : A quelle époque et à quelle occasion est né le procès que vous avez avec M. Camin ?

R : Le procès a commencé en juillet dernier : dans le courant du mois précédent, M. Camin m'avait envoyé un sous seing privé qui n'était autre chose qu'une radiation de nos conventions qui m'assurent la régie des habitations. Je me suis refusé de signer ce papier, de là le procès.
Le tribunal a ordonné une enquête pour vérifier les faits allégués contre moi par M. Camin. Celui-ci voudrait m'expulser de l'habitation pour y placer un de ses parents qui est sans emploi. Il a refusé un arrangement que je lui avais fait proposer et qui consistait dans ma retraite de l'habitation, après le paiement de ce qui m'est dû pour mes appointements et qui forme une somme de plus de douze mille francs malgré la gêne dans laquelle se trouve, je crois, M. Camin, il aurait pu me payer puisque j'aurais pris des noirs en paiement. M. Camin est venu à l'habitation les vingt-six et vingt-sept août dernier ; il a réuni dans sa chambre plusieurs noirs et négresses et leur a donné de l'argent. Je ne peux affirmer que ce soit pour déposer contre moi ; voici les noms de ces noirs : Pompée, Zamor, Cotte, Manuel, Amédée, Figaro, Constant, Jean Baptiste fils d'Adèle, Hector, Hyppolite, Alexandre, Baptiste, Philogène, Muscade, Auguste dit Béquet, Songor, Ipsilantis, le commandeur indien Moutousamy et enfin la nommée Adèle.
Je vous signale cette Adèle comme le plus grand mauvais sujet de l'établissement. Elle est capable de tout pour une bouteille de rhum et c'est elle qui a ourdi tous les mensonges que les noirs débitent contre moi.
D : N'avez-vous pas eu des relations intimes avec la nommée Germaine et n'a-t-elle pas refusé d'aller avec vous pendant qu'elle était nourrice ?
R : Non, tout cela est faux.
D : De quoi cette négresse est morte et à quelle époque ?
R : Elle est morte le quinze janvier mille huit cent quarante-cinq d'une humeur qu'elle avait selon moi aux yeux et par tout le corps, tels que des bubons ulcériques contre lesquels divers traitements ordonnés par les médecins se sont trouvés impuissants. Cette négresse avait été achetée en mille huit cent quarante-deux de M. Saint Marc parce que son mari venait d'être acheté pour l'établissement. Elle était déjà malade et fut achetée à moitié prix des autres noirs.

D : Pourquoi a-t-elle quitté l'habitation et est-elle allée à St Denis chez M. Camin ?

R : Elle a quitté l'habitation le 21 octobre 1844 et voici à quelle occasion. Cette négresse avait des mouches aux jambes et au col. Elle ne faisait pas des pansements. Elle ne voulait pas non plus les faire à l'hôpital. Je lui fis alors donner une dizaine de coups de rotin sur les épaules et sur le linge. Comme les sœurs de M. Camin étaient à St Denis et qu'elles protégeaient tous les noirs qui allaient se plaindre, elle se rendit à St Denis auprès d'elles ; mais l'air de la ville ne lui convenait pas et elle mourut à St Denis le 15 janvier 1845. Son enfant n'a survécu que peu de temps après elle ce qui prouve que la mère était malsaine.

D : Sa mort ne serait-elle pas plutôt occasionnée par les mauvais traitements que vous lui auriez fait subir à l'habitation ?

R : Non Monsieur, je n'attribue sa mort qu'à l'état malsain dans lequel elle se trouvait.

D : Ne lui donniez-vous pas tous les matins des coups de chabouk ?

R : Je n'ai battu Germaine qu'une seule fois avant l'affaire des mouches ; je lui donnais quelques coups de rotin pour l'obliger à entretenir la propreté dans le poulailler et je ne l'ai touché que cette fois.

D : Des témoins affirment cependant que tous les matins vous lui appliquiez vingt-cinq coups de chabouk et que lorsque vous étiez las de la battre, vous appeliez le nommé Philogène qui faisait coucher Germaine et continuait la correction ordonnée par vous ?

R : Ce témoignage est faux et calomnieux.

D : On ajoute que malgré que cette négresse eût à la tête et aux yeux des humeurs qui l'empêchaient de voir, vous exigiez qu'elle couse des saisies en rabanne, ce qu'elle ne pouvait faire, que c'était là ce qui motivait les mauvais traitements dont je viens de vous parler ?

R : Je déclare n'avoir jamais battu Germaine à l'occasion du travail des saisies. Elle ne cousait que lorsque sa santé lui permettait de le faire. Son occupation était la garde du poulailler et je lui avais donné cet emploi pour qu'elle et son enfant ne fussent pas exposés à l'usure du temps.

D : A quelle époque est mort le nommé Vincent et de quoi est-il mort ?
R : Il est mort le 1 octobre 1843 et le docteur Legras a certifié que c'était des suites d'une dysenterie chronique.
D : A-t-il été longtemps malade ?
R : Tout le temps que je l'ai vu sur l'habitation ; il était maigre et […], on ne pouvait tirer aucun parti de lui : il avait été acheté à la marine Piveteau.
D : A quels travaux était-il employé ?
R : Il travaillait rarement étant presque toujours à l'hôpital ; quand il allait à l'habitation, il halait la pioche avec la petite bande, c'est-à-dire la bande des faibles.
D : Malgré cet état de fait, n'aviez-vous pas prétendu qu'il n'était pas malade et ne le faisiez-vous pas conduire sur les travaux où il était sans cesse battu parce qu'il ne pouvait faire comme les autres ?
R : Non monsieur, il n'allait sur les travaux que quand il avait la force de travailler.
D : Un témoin déclare avoir vu conduire ce noir sur les travaux alors qu'il était hors d'état de se soutenir ; que ce noir était tombé lorsque les camarades qui le soutenaient par les bras l'eurent quitté, vous lui fîtes appliquer une vingtaine de coups de corde ?
R : Cela est faux, je ne surveille jamais la bande à l'habitation.
D : Le témoin dont je vous parle est M. Léonce Cadenet ; il ajoute qu'il a eu une espèce de scène avec vous à l'occasion du travail que vous vouliez exiger de Vincent et que vous auriez vous-même appliqué à ce noir quelques coups de pied qui l'auraient fait tomber par terre. Que c'est environ un mois après ces faits que Vincent est mort à l'hôpital ?
R : Ce témoin exerce une vengeance contre moi. Je l'ai chassé de l'habitation pour cause d'improbité et depuis ce temps-là, il venait la nuit manger avec les noirs et les soulevait contre moi ; il les excitait aussi à l'insubordination. J'ai porté plainte contre lui au commissaire de police de St André quelques jours avant qu'il ne fît sa déposition contre moi.
D : On dit aussi que pour faire travailler Vincent, vous lui faisiez attacher au col une corde dont l'autre bout était attaché au

col d'un noir valide afin que Vincent soit forcé de suivre celui-ci ?

R : Je proteste contre ces témoignages. Vincent n'allait à l'habitation que lorsqu'il avait la force de travailler, autrement il était à l'hôpital où il recevait des soins. M. Legras pourra l'attester.

D : A quelle époque est mort Jean Marie et de quoi ?

R : Il est mort le 25 octobre 1843 et le docteur Legras a certifié que c'était d'une péritonite avec phénomènes cérébraux.

D : Ne serait-il pas plutôt mort d'un mauvais coup qu'il reçut au côté droit ?

R : Il n'est pas à ma connaissance qu'il eut jamais reçu de coups à moins que ce ne soit de M. Léonce Cadenet qui suivait les noirs à l'habitation.

D : Jean Marie a-t-il été longtemps malade ?

R : Non Monsieur ; il n'a pas fait une longue maladie. Le médecin se trouvait près de lui quand il est mort.

D : Jean Marie n'avait-il pas été marron quelques temps avant sa mort ?

R : Oui monsieur, il était souvent marron ; ce qui pourrait expliquer les causes de sa mort car en marronnage, les noirs souffrent considérablement.

D : N'était-il pas aux fers et n'a-t-il pas été déferré quelques jours seulement avant sa mort ?

R : Oui Monsieur ; Il a été comme je vous l'ai dit fort que de trois maladies mais je l'ai fait déferrer dès que je me suis aperçu qu'il avait quelque chose.

D : N'avez-vous pas recommandé à Jean Baptiste de traiter Jean Marie durement ?

R : Non, ils ne travaillaient pas ensemble et d'ailleurs Jean Baptiste n'était pas commandeur, il est chef de pompe.

D : Ne serait-ce pas à Hyppolite que vous auriez fait cette recommandation ?

R : Non Monsieur, si des ordres semblables ont été donnés, ce ne peut être que par Léonce Cadenet qui était en rapport avec tous les commandeurs et si quelques mauvais traitements ont été infligés, c'est lui qui doit être responsable.

D : Ce n'est donc pas vous qui avez ordonné de frapper Jean Marie avec une canne à sucre qui lui aurait enfoncé les côtes ?

R : Non, Monsieur, je n'ai jamais donné pareil ordre.
D : A quelle époque et comment est mort le noir André ?
R : Il est mort le 22 janvier 1844 des suites d'une irritation de l'estomac et des intestins d'après un certificat de M. Legras, médecin.
D : N'aviez-vous pas pris ce noir en grippe et ne preniez vous pas plaisir à le frapper avec les clefs du magasin ?
R : Je n'avais aucun motif d'en vouloir à ce noir et je ne l'ai jamais frappé. Quant à sa maladie, M. Camin a consulté M. De Leissègues à St Denis et ce médecin a même envoyé une recette pour le traitement d'André ainsi que des médicaments et du vin blanc pour le restaurer.
D : D'où provenait ce noir André et était-il malade ?
R : Il appartenait à M. Deroland et je l'ai trouvé sur l'établissement quand je l'ai pris. Il avait un tempérament faible et avait souvent des rechutes de flux de sang, il ne faisait autre chose que le métier de commandeur.
D : Depuis que M. Camin avait défendu les fustigations, ne frappiez-vous pas vous-même les noirs à coups de poing ?
R : Cela ne m'est jamais arrivé, les ordres de M. Camin ont été scrupuleusement respectés. M. Montendre, régisseur sur l'établissement, s'étant permis de donner deux coups de rotin sur la main d'un noir, M. Camin m'écrivit une lettre de reproche à ce sujet bien que je fusse étranger à ce fait. Dernièrement et pendant que M. Camin était à l'habitation, le commandeur Hyppolite a donné un violent coup de bâton sur le bras du nommé Zamor qui s'est plaint à M. Camin mais inutilement, justice ne lui a pas été rendue.
D : N'avez-vous vécu avec la nommée Modeste et n'en avez-vous pas eu des enfants ?
R : J'ai eu avec elle quelques rapports sans pour cela vivre avec elle. Quant aux enfants, on ne peut dire à qui ils appartiennent à cause des nombreuses fréquentations de cette négresse.
D : Un soir, et par motif de jalousie, ne lui avez-vous pas donné des coups de bâton dans sa case ?
R : Je ne suis jamais allé dans sa case pour la surprendre, je n'y suis jamais allé que lorsqu'il y avait des malades.

D : N'êtes-vous pas entré un soir pour poursuivre Manuel que vous supposiez y être caché.
R : Non, c'est très faux.
D : Manuel et Modeste se plaignent cependant d'avoir été battus par vous et très vigoureusement à cette occasion.
R : Je n'ai jamais battu ni Modeste ni Manuel ; je n'ai jamais eu de motif pour cela.
D : Manuel prétend avoir été mis dans l'impossibilité de travailler un jour par suite de ces coups et il montre à sa joue une cicatrice qui proviendrait également des coups que vous lui auriez portés.
R : Ce que dit Manuel est faux et il est excité par Adèle. Je n'avais aucun motif de me plaindre de Manuel, j'ai même voulu l'acheter à M. Camin pour en faire un ouvrier.
D : Manuel n'a-t-il pas supplié M. Camin de ne pas vous faire cette vente ?
R : Je l'ignore.
D : N'avez-vous pas voulu acheter aussi St Ange et Amédée ?
R : Oui Monsieur, tous les trois pouvaient faire des ouvriers.
D : Pourquoi ne vous a-t-on pas fait ces ventes ?
R : M. Camin m'a répondu par lettre qu'il ne voulait pas vendre ces noirs au détail.
D : Ne serait-ce pas plutôt parce que ces noirs lui auraient déclaré qu'ils ne voulaient pas vous servir ?
R : Je ne le pense pas car un de ces noirs nommé St Ange demande tous les jours à être acheté par moi.
D : N'avez-vous pas battu Adèle ?
R : Jamais bien que j'eusse beaucoup de reproches à lui faire à cause de son ivrognerie.
D : N'avez-vous pas battu Lespérance ou ne lui avez-vous fait infliger de mauvais traitements qui ont altéré sa santé ?
R : Lespérance est à St Denis depuis plus d'un an et je ne sais comment il se porte aujourd'hui. Quand il était à l'habitation, il a pu être corrigé, ce que je ne me rappelle pas.
D : N'avez-vous pas battu ou fait battre le nommé Luc ?
R : Luc a reçu comme les autres des corrections pour ses marronnages.
D : Il déclare avoir eu la poitrine écrasée sur la roche où vous l'aviez fait mettre pour le corriger et avoir reçu de vous des

coups de pied et des coups de poing ; il ajoute que pour la moindre chose, on le faisait coucher sur la roche et on le corrigeait.

R : Je ne lui ai fait donner qu'une seule fois quinze coups de fouet pour cause de marronnage et à l'habitation où je suis monté exprès pour le faire corriger. S'il a quelque chose à la poitrine, ce sont les traces d'un grand vésicatoire qu'on lui a appliqué pour un gros rhume.

D : A quelle époque à peu près a-t'il reçu cette fustigation ?

R : Il y a plus de deux ans.

D : Cependant ce noir montre à l'appui de sa déclaration des cicatrices.

R : Elles proviennent de quelques maladies de son pays (il est malgache), de quelques maladies vénériennes.

D : Vous niez donc d'une manière absolue avoir contribué à la mort de Germaine, de Vincent, de Jean Marie et d'André par les mauvais traitements que vous leur auriez infligé vous-même ou fait infliger par vos commandeurs ?

R : Je proteste contre ces accusations, la mort de ces noirs est le résultat des maladies constatées par le médecin.

D : Niez-vous également vous être porté vis-à-vis de Manuel, Lespérance, Luc et d'Adèle et de Modeste à de mauvais traitements qui auraient laissé sur les uns des cicatrices ou autres traces et qui auraient occasionné des maladies à d'autres ?

R : Je nie tous ces faits attendu que je n'ai jamais eu à me plaindre des noirs dont vous parlez au point de les fustiger.

D : Vous niez aussi avoir maltraité sans motif des noirs de bande que vous voyiez sur les travaux ou les avoir fait maltraiter sans faute de leur part ?

R : Je le nie parce que tout cela n'est pas vrai, loin de là. Je donne aux noirs tout ce que je puis avoir de disponible et même de l'argent au besoin. Ce qui prouve la fausseté des faits qu'on m'impute, c'est le petit nombre des malades et le faible chiffre de la mortalité sur l'établissement.

D : D'après vos déclarations, le régime de l'habitation n'aurait jamais été très sévère puisque la fustigation ne serait jamais élevée qu'au maximum de la correction dominicale, les malades auraient été bien soignés, les forces des noirs soigneusement ménagées et cependant vous passez généralement pour un

homme dur avec les noirs, ne connaissant que les fers et le fouet et les noirs paraissent redouter vos coups, d'où cela peut-il venir si tout ce que vous m'avez déclaré est vrai ?
R : Les noirs me redoutent parce que je les maintiens dans l'ordre et que je rends justice à qui de droit et ne fréquente nullement leur case et n'ai avec eux que des rapports de propriétaire. Du reste leur embonpoint prouve suffisamment qu'ils ne sont pas maltraités et ils seraient encore mieux traités si le Sr Camin n'envoyait pas du riz et du poisson avariés pour leur nourriture.
D : M. Camin ne vous avait-il pas demandé de lui envoyer Germaine à St Denis et ne lui avez-vous pas refusé en lui disant que cet envoi mettrait le désordre dans la bande ? De quelle espèce de désordre entendez-vous parler ?
R : Je n'ai jamais refusé Germaine car M. Camin ne me l'a jamais demandé et l'envoi de cette négresse n'aurait causé aucun désordre puisqu'elle serait allée à St Denis que pour se traiter.
D : C'est cependant M. Camin qui a parlé de ce fait.
R : M. Camin en impose, il aurait pu faire venir Germaine sans avoir besoin de mon consentement ainsi qu'il l'avait déjà fait pour huit noirs qu'il gardait à St Denis.
D : Comment s'appellent les régisseurs blancs que vous avez sous vos ordres ?
R : Joseph Alidor et Montendre.

Plus n'a été interrogé, lecture faite au prévenu de son interrogatoire et de ses réponses, a dit […] contenir vérité, y persiste et a signé avec nous et le greffier.

Vincent

Le visage crispé et raidi
Vincent s'est endormi
Dans la mort
Déjà dans la mort
Alors qu'il a si peu vécu

Maigre et faible
Il est passé
Dans ce monde de forts
Qui l'a dévoré

Il n'a pas souvent souri
Jeté en fond de cale
Il a connu l'ennemi
L'homme blanc l'a asservi

Maigre et faible
Il a servi
Mais pour Morette
Ça n'a pas suffi

De sa chair il s'est nourri
Avec la corde a englouti
Ses maigres forces
Et l'a meurtri

Vincent était parti
Mais Morette l'a repris
Des fers il l'a sorti
Et sur la roche, il l'a remis

Vincent est parti
Mais il ne reviendra plus
Quand on est mort c'est fini
L'espérance est perdue

Vincent voulait sourire
Faible et maigre
Les coups l'ont fait souffrir
Morette était le maître

Vincent n'est plus
Morette l'a mis au rebut

Vincent s'est tu
Mais on a su
Des papiers jaunis
Il est sorti de la nuit
Son silence est un cri
Qui le sort de l'oubli

Un an un jour

On ne connaît que peu d'éléments sur le déroulement du procès lui-même, à part l'ordre d'interrogation des différents témoins à charge et à décharge ainsi que la durée assez exceptionnelle des audiences. Parmi les témoins à décharge, plusieurs anciens employeurs de Morette vont défiler à la barre et en vanter les mérites. A plusieurs occasions, ceux-ci tenteront de déstabiliser les esclaves directement, leur reprochant d'avoir reçu de l'argent ou des objets de la part des accusateurs, en particulier de Camin. Certains comme Martin de Flacourt déclareront qu'il s'agit de mauvais noirs et que Morette était un bon habitant. Etienne Dureau, Coligny Ganofsky, Abel Sers, habitants, déclareront tous qu'ils n'ont jamais vu Morette frapper les esclaves, qu'il était sévère mais sage, jamais inhumain.

D'autres déposeront en affirmant que les frères Deroland étaient auparavant victimes de nombreux vols sur leur habitation et que sous Morette, cela avait cessé.

De manière contradictoire, certains comme Gagnant, voisin de Morette, indiqueront que les noirs de marine achetés par Camin étaient tous des voleurs.

L'issue de l'affaire Morette, après ce long procès, « *neuf jours des plus fatigants [...] sous l'ardeur de la canicule* » est édifiante.

Le procureur du Roi, dans un réquisitoire de près de quatre heures, demandera cinq années d'emprisonnement, 500 francs d'amende et une interdiction pendant 10 ans de posséder des esclaves. Les jurés de la Cour d'Assises vont trancher rapidement : un an et un jour de prison et la condamnation aux dépens.

Morette est ainsi reconnu coupable uniquement « *d'avoir dans le cours de l'année 1843 et 1844 porté ou fait porter volontairement, par abus d'autorité, des coups à l'esclave Vincent et à l'esclave Germaine, placés sous sa direction* ».

Cette condamnation est obtenue par 5 voix contre deux. Mais c'est à l'unanimité que les jurés déclareront que ces coups n'ont pas occasionné la mort de ces esclaves.

Morette est aussi exonéré des faits d'homicides involontaires sur Jean Marie et André. Il est cependant reconnu coupable de traitements barbares et inhumains sur Germaine, Vincent et Modeste.

La cour décidera également, par 5 voix contre 2, qu'il existe des circonstances atténuantes en faveur de l'accusé, sans que l'on sache lesquelles.

Dans son rapport au ministre, le procureur du roi écrira :
« *Certainement le châtiment infligé à Morette est bien faible [...] Quelque disposé que je sois à blâmer la cour d'Assises, je suis porté à considérer comme un véritable progrès d'avoir obtenu une condamnation après les acquittements non fondés et vraiment scandaleux de ces dernières années.* »

Pour comprendre ce verdict, qui aujourd'hui pourrait paraître consternant pour de tels faits reprochés à l'accusé, il est nécessaire de détailler la législation sur laquelle s'appuie cette condamnation, ses évolutions mais également la composition du jury.

En effet, le procureur s'est appuyé dans son réquisitoire à la fois sur le Code Noir, plus précisément les Lettres Patentes de 1723, sur le Code pénal de Napoléon et sur la loi du 25 juillet 1845.

La version « réunionnaise » du Code Noir prévoyait dans son article 38 des sanctions éventuelles contre les maîtres et les commandeurs, notamment de punir de mort, ceux qui auront tué ou mutilé les membres des esclaves étant sous leur puissance ou sous leur direction. La notion de crimes et de traitements barbares et inhumains des maîtres envers leurs esclaves, se trouvait, elle, définie dans l'article 19.

Le Code pénal, tel qu'il sera mentionné dans le jugement, prévoit dans ses articles 309 et 311 des peines précises. Bien que réclamée par le procureur, la référence à l'article 311, en particulier la notion de « guet-apens » ne sera pas retenue par les jurés.

La composition des jurys d'assises avait pourtant été modifiée en juillet 1845. Jusque-là, cette cour était composé de 3 magistrats professionnels et de 4 assesseurs, jurés provenant de la société civile, des habitants comme on les nomme à cette époque. Ceux-ci avaient donc la majorité pour décider des condamnations

Ce déséquilibre servait systématiquement les intérêts des maîtres, colons créoles ou français. La nouvelle législation, si elle fut décrétée en métropole peu après sa validation, ne sera étendue et décrétée à Bourbon que bien plus tard, quelques jours avant le procès, mais après le tirage des assesseurs. C'est en effet fin décembre 1845 que le gouverneur présente les décrets au Conseil colonial, le procès commençant le 10 janvier. Les nouvelles dispositions décrétaient que la cour d'assises serait désormais composée de quatre conseillers à la Cour Royale et de trois assesseurs.

Dans son compte rendu du procès au Ministre, le procureur déplorera « *que la cour d'assise était encore composée d'après l'ordre ancien* ».

Ce n'est en effet que le 29 décembre que le Conseil Colonial répondra au gouverneur, une adresse assez virulente considérant que cette loi est une atteinte vive à la discipline des ateliers et à l'ordre colonial.

Le 7 janvier 1846, le gouverneur écrira au Ministre des Colonies pour lui signifier l'application de la loi, quelques jours après la date limite imposée par le gouvernement. Dans ce courrier, le gouverneur indique que la tension a été très vive dans la colonie et qu'il a dû interdire les messes de Minuit à Noël afin d'éviter tout regroupement des colons.

La Cour fut donc composée de trois membres de la magistrature, le Président Monginet et deux conseillers, MM. Michel et Benoist, ainsi que de quatre assesseurs. A côté de Du Trévou, ancien notaire, on note la présence de Manès Ernest, propriétaire, dont les liens avec un des témoins sont évidents, d'Hervé, professeur au Collège Royal et de Bonnaudet, pharmacien.

Quelques mois plus tard, de nombreux colons de Bourbon et de la Martinique, dont les plus riches, émettront une vive protestation auprès des députés français contre la loi de 1845, se plaignant d'une mise en cause les décrivant comme protégés par le système judiciaire. Cette protestation se produira à l'occasion d'un procès pour onze types de sévices dont le verdict fut une condamnation à 15 jours de prison.

L'étude de jugements précédents permet d'apprécier la valeur de la condamnation de Morette au regard de ce qui était habituellement le résultat de procès pour traitements barbares et inhumains ainsi que de meurtres d'esclaves dans les années précédant le procès Morette.

Deux cas semblent se rapprocher des faits étudiés dans ce procès : l'affaire Barquisseau et l'affaire Ricquebourg.

Nous ne disposons pour ces deux procès que de sources bien moins importantes et complètes que dans l'affaire Morette.

Le premier cas se déroule durant trois jours, en juin 1844 ; il concerne les époux Barquisseau ainsi que deux de leurs esclaves, Mercure et Paul accusés de coups volontaires ayant occasionné la mort de Marie, esclave des Barquisseau, et de traitements barbares et inhumains exercés sur cette esclave en janvier 1844 à Saint-Leu. Il leur est principalement reproché de lui avoir volontairement porté des coups sans intention de lui donner la mort.

Le couple, ainsi que les deux esclaves, seront acquittés, ce qui sera considéré comme la preuve la plus complète de leur innocence.

La défense s'appuiera sur le progrès qu'apportait l'ordonnance du 5 janvier 1840, instituant le patronage des esclaves. Alors que les Lettres Patentes prévoyaient pour les esclaves fautifs des sanctions cruelles telles que la marque de la fleur de lys pour de simples vols, les oreilles coupées en cas de marronnage puis le jarret en cas de récidive et enfin la mort après une troisième tentative de fuite, le défenseur des époux Barquisseau insistera sur la « douceur » comparée des 30 coups de fouet autorisés.

Le procureur argumentera dans ce cas sur la disproportion entre la possibilité aux maîtres seuls d'infliger ce genre de châtiment alors que sept jurés en Cour d'Assises ne peuvent outrepasser cette condamnation depuis l'ordonnance de 1825.

Selon la défense, Marie n'était pas morte des suites des coups donnés par les divers mis en cause mais d'une congestion cérébrale occasionnée par des motifs étrangers aux accusés.

En 1841, c'est le sieur Prudent Ricquebourg, à Saint-Denis, qui est renvoyé devant la cour d'Assises pour les mêmes motifs.

On apprend que depuis 1831, à quatre reprises déjà, il avait été condamné en correctionnelle dont, en 1836, à 2 ans de prison pour outrages et violences puis pour mauvais traitements sur ses esclaves à quelques semaines de prison.

Son inculpation et son renvoi aux assises pour traitements barbares et inhumains sur plusieurs de ses esclaves se font également en référence aux articles 19 et 36 du Code Noir et 311 et 309 du Code pénal. Cela concerne, par exemple, le fait d'avoir cassé le pouce de la main droite d'Estelle, puis quelques mois plus tard, de lui avoir porté plusieurs coups de pieds dans le ventre puis de l'avoir mise au bloc par les deux pieds, de manière que les pieds fussent en l'air et la tête en bas. Il est accusé par ailleurs d'avoir jeté une bouteille au visage de Julie, malgache de 40 ans, d'avoir utilisé un fouet avec une corde munie d'un gros nœud au bout, d'avoir donné des coups de pied à Catherine qualifiée de vieille négresse et qui décèdera peu après, d'avoir fouetté sur le visage et les fesses Brigitte, créole de 30 ans, un enfant « *à la mamelle* » et enceinte d'un autre, ce qui entraînera par la suite une fausse couche. Son enfant au sein lui fut enlevé et enfermé pendant une nuit entière, seul, dans un poulailler. Il lui est reproché également d'avoir fait lever une fillette de 5 ans, Célestine, à 4 heures du matin et de l'avoir envoyée, nue, nuit et jour, en toutes saisons, garder les vaches. Il est accusé aussi d'avoir frappé à coups de poing sa propre femme, enceinte de cinq mois et qui, elle aussi, fera une fausse couche. De même, son fils âgé de 8 ans eût à subir des punitions brutales de la part de son père.

Une dizaine d'autres esclaves témoignèrent de mauvais traitements les plus divers dont Désiré qui reçut dans le ventre un coup de pied d'une telle violence que, selon l'accusation, pendant plus de six semaines il ne pouvait retenir son urine. Rosine, âgée de dix ans, fut tenue pendant deux jours et deux nuits au bloc, les deux pieds dans un seul anneau, position si douloureuse que l'enfant n'a pu dormir tout ce temps. Enfin, l'esclave Pierre Louis fut enchaîné à une pierre énorme pesant cent kilogrammes par une longue chaîne qu'il était obligé de rouler quand il voulait se mouvoir.

Ricquebourg sera inculpé d'après les articles 19, 37 et 38 des Lettres Patentes et selon les articles 309 et 311 du Code pénal[13]. Il sera condamné à 5 ans de prison et 10 ans d'interdiction de posséder des esclaves. L'affaire Morette n'est donc pas un cas isolé ; elle reflète les pratiques de certains maîtres dans la gestion de leurs esclaves. La perversité, la brutalité et l'inhumanité sont des plus évidentes.

Ce procès pourtant, en particulier par la condamnation à un an et un jour de prison, est perçu comme un succès par le procureur qui estime que, quoiqu'il en soit, il peut se féliciter que pour la première fois où la loi du 18 juillet a pu être invoquée, elle l'ait été avec succès. Ainsi, dans la plupart de ses dispositions, selon lui, elle s'est, sans obstacle sérieux, implantée sur le sol colonial.

Il se félicite également que Morette ait accompli près de cinq mois de détention préventive et qu'il supporte les frais du procès qui a mobilisé pendant onze jours de nombreux témoins qu'il convient d'indemniser. Il se réjouit enfin de ce que cette condamnation puisse également entraîner pour Morette la perte de son procès au civil et il considère qu'il lui sera désormais très difficile de retrouver un emploi.

Cette dernière hypothèse sera infirmée par l'arrêt de la Cour Royale de Bourbon du 15 décembre 1845 qui condamnera Camin à verser 5000 francs d'indemnité à Morette ainsi que des intérêts à 12% à compter de la date du dépôt de sa plainte, le 2 juillet 1844, quelques jours avant son arrestation[14].

---

[13] Article 309 : Sera puni de la peine de la réclusion, tout individu qui aura fait des blessures ou porté des coups, s'il est résulté de ces actes de violence une maladie ou incapacité de travail personnel pendant plus de vingt jours.
Article 311 : Lorsque les blessures ou les coups n'auront occasionné aucune maladie ni incapacité de travail personnel de l'espèce mentionnée en l'article 309, le coupable sera puni d'un emprisonnement d'un mois à deux ans, et d'une amende de seize francs à deux cents francs. S'il y a eu préméditation ou guet-apens, l'emprisonnement sera de deux ans à cinq ans, et l'amende de cinquante francs à cinq cents francs.
[14] On ne peut passer sous silence le cas de l'esclave Furcy qui réclama son droit à la liberté de 1817 à 1843. Certaines coïncidences, comme les lieux, Saint-André, le Bras de Chevrettes, des avocats communs, Quièvrecourt, des dates des arrêts de la cour royale en juillet ou décembre, mettent en perspective le comportement de la justice à Bourbon, peu avant l'abolition.

Si l'on se réfère aux données récoltées par le pouvoir royal sur le bilan des condamnations contre des maîtres dans les colonies françaises pour actes de barbarie et traitements inhumains, on constate que la condamnation de Morette est une des plus lourdes enregistrées.

En effet, en 1847, le Ministère de la Marine et des colonies dresse un bilan de l'application de la loi du 18 juillet 1845, en particulier en ce qui concerne les modifications du régime disciplinaires des esclaves.

Dans l'article 9 de cette loi, il était prévu que :
« *Tout maître qui aura infligé à son esclave un traitement illégal, ou qui aura exercé ou fait exercer sur lui des sévices, violences ou voies de fait, en dehors des limites du pouvoir disciplinaire, sera puni d'un emprisonnement de seize jours à deux ans, et d'une amende de 101 francs à 300 francs, ou de l'une de ces deux peines seulement. S'il y a eu préméditation ou guet-apens, la peine sera de deux ans à cinq ans, et l'amende de 200 francs à 1 000 francs.* »

Ce dernier point ne sera pas retenu par les jurés statuant sur l'affaire Morette, la notion de guet-apens, lors de la correction infligée à Modeste dans le magasin, sera écartée.

L'article suivant précisait que s'il est résulté de ces sévices la mort ou une maladie emportant incapacité de travail personnel pendant plus de vingt jours, la peine sera appliquée, dans chaque colonie, conformément au Code pénal colonial.

Dans les quatre colonies, entre juillet 1845 et début 1847, 74 affaires ont donné lieu à des procédures ; sur les 59 jugées, 11 ont été suivies de non-lieu et 14 par un acquittement. La plupart des condamnés l'ont été par la juridiction correctionnelle et les tribunaux de simple police, en général à de faibles amendes. On ne relève que 3 condamnations par une cour d'Assises.

L'affaire Morette semble être la seule se terminant par une peine afflictive et infâmante.

Un an et un jour de prison ainsi qu'une condamnation aux dépens pour les frais de justice, telle est donc la condamnation d'Henry Morette accusé à l'origine de quatre meurtres d'esclaves et de traitements barbares et inhumains envers de nombreux autres esclaves.

Il est difficile de savoir comment cette peine sera exécutée, en particulier à quelle date il sortira de prison. Le paiement des frais de justice n'a cependant pas ruiné Morette. Si on ne trouve pas trace de son recensement en 1846 à Sainte-Marie, l'année suivante, il est pourtant bien recensé et déclare toujours 9 esclaves dont un marron. Il cultive toujours du café et de la canne à sucre.

Henry Morette décèdera à l'âge de 87 ans, en 1885 à la Ravine des Chèvres à Sainte-Marie.

Table des matières

Bourbon à la veille de l'abolition de l'esclavage............7
Phémie 11
Paroles de commandeur 13
Les personnages principaux du drame..................19
Jean-Marie 35
La vie sur l'habitation 45
Esclaves à Bras des Chevrettes 49
André 57
L'hôpital 61
Modeste 69
La mort de Vincent 71
La roche 73
Phémie 79
Moutoussamy, un engagé indien 83
« C'est ma viande »......................................87
Germaine..97
L'acte d'accusation 101
Matavo, celui qui mange les hommes 111
Parole à la défense 117
Vincent 131
Un an un jour 133

OCÉAN INDIEN

AUX ÉDITIONS L'HARMATTAN

Dernières parutions

LA JEUNESSE ÉTUDIANTE ET L'INDÉPENDANCE DES COMORES
Djoumoi Ali Madi
Cet ouvrage retrace l'histoire du mouvement estudiantin comorien, l'ASEC (Association des stagiaires et étudiants comoriens), très actif dans les années 1970 et 1980, pour souligner le rapport existant entre le progrès de l'enseignement et la formation d'une conscience nationale en faveur de la décolonisation par la mobilisation pour la révolution nationale démocratique et populaire.
(Coll. Océan Indien, 26.00 euros, 250 p.,)
ISBN : 978-2-343-05247-2, ISBN EBOOK : 978-2-336-37332-4

MAYOTTE
État des lieux, enjeux et perspectives
Regards croisés sur le dernier-né des départements français
Sous la direction de François Hermet Préface de Françoise Rivière
Pendant des dizaines d'années, Mayotte n'a pensé qu'à la départementalisation : c'est chose faite depuis le 31 mars 2011. Bien que légitime ce combat politique d'un demi-siècle a vraisemblablement occulté tous les autres, en particulier celui relatif au développement de cet étroit territoire. Mayotte reste aujourd'hui la région française la moins avancée au plan économique et social. Par son positionnement interdisciplinaire, cet ouvrage propose une analyse globale des spécificités de Mayotte.
(25.00 euros, 244 p.)
ISBN : 978-2-343-05682-1, ISBN EBOOK : 978-2-336-37222-8

«LA GUERRE» DE 1811
Ou la révolution des esclaves de Saint-Leu, île Bourbon (La Réunion)
Gérard Gilles
Voici le résultat de recherches sur la seule révolte d'esclaves effective sur l'Île de la Réunion. En 1811, alors que l'île était sous domination anglaise, plus de 200 esclaves se sont dressés contre l'oppression du système esclavagiste. Cette révolte s'organisa dans les hauts de Saint-Leu, commune privée d'eau qui voyait les esclaves venant des propriétés diverses se rassembler quotidiennement au bassin d'eau et penser la révolte à l'abri des regards des maîtres. Les évènements se termineront tragiquement pour les révoltés.
(Coll. Historiques, 14.00 euros, 134 p.)
ISBN : 978-2-343-05484-1, ISBN EBOOK : 978-2-336-36870-2

LE COLONEL RATSIMANDRAVA HÉROS TRAGIQUE DU NATIONALISME MALGACHE
Saura André
Lorsque Philibert Tsiranana, président de la première République de Madagascar remet, le 18 mai 1972, les pleins pouvoirs au général Ramanantsoa, une nouvelle ère politique s'ouvre dans le pays. L'incompétence avérée de ce gouvernement et les rivalités personnelles et tribales en son sein, conduiront Ramanantsoa à confier le pouvoir à Richard Ratsimandrava, alors ministre de l'Intérieur. Le 11 février 1975, après seulement six jours passé au faîte de la nation, le nouveau chef de l'État était assassiné... à l'initiative de commanditaires discrets.
(Coll. Océan Indien, série Etudes, 24.50 euros, 232 p.)
ISBN : 978-2-343-05441-4, ISBN EBOOK : 978-2-336-36999-0

COMORES (LES)
Pour une indépendance financière et monétaire de l'archipel
Saïd Abdillah Saïd Ahmed
Préface de Mamdou Koulibaly
Les Comores n'ont pas l'attribut reconnu à tout État souverain, celui de battre la monnaie. Elles ne peuvent être vraiment indépendantes tant qu'elles ne quittent pas la zone franc CFA et ne se dotent pas d'une monnaie nationale. Il s'agit donc pour l'archipel de se diriger vers son indépendance économique, financière et monétaire et de suivre l'exemple positif des pays de l'océan Indien occidental, comme l'île Maurice ou les Seychelles, qui réalisent de belles prouesses économiques.
(Coll. Océan Indien, 19.00 euros, 190 p.)
ISBN : 978-2-343-04025-7, ISBN EBOOK : 978-2-336-36526-8

LA RÉCONCILIATION NATIONALE À MADAGASCAR
Une perspective complexe et difficile
Imbiki Anaclet
Préface de Jean Omer Beriziky
La population de Madagascar est composée officiellement de 18 ethnies ayant eu chacune un royaume indépendant. Les guerres intestines, la guerre d'unification menée par les souverains Mérina successifs et l'introduction du christianisme ont rendu difficile la constitution de la nation malgache malgré une base de culture et de racine de langues communes incontestable. La barbarie des violences coloniales et les différentes crises politiques contemporaines n'ont bien sûr pas favorisé non plus cette émergence.
(49.00 euros, 530 p.)
ISBN : 978-2-343-04147-6, ISBN EBOOK : 978-2-336-36598-5

CAMÉRA REBELLE
Un portrait du réalisateur Benoît Ramampy
Blanchon Karine
Préface du Pr. Françoise Raison-Jourde
Réalisateur atypique et passionné, Benoît Ramampy est né à Ambalavao en 1947, il a traversé les grands événements de son pays, Madagascar. Agitateur pudique mais déterminé, il n'a eu de cesse de vouloir faire des films, offrant au cinéma malgache ses premières récompenses internationales. L'histoire de cette

cinématographie méconnue se déroule sous couvert des relations ambiguës entretenues entre la France et Madagascar.
(Coll. Images Plurielles, 20.00 euros, 200 p.)
ISBN : 978-2-343-05304-2, ISBN EBOOK : 978-2-336-36718-7

FEUILLETONS DES COLONIES (Volume I) Maurice
Des poèmes et feuilletons pour découvrir l'Histoire des Iles-Sœurs Bourbon et Maurice et pour suivre les abolitions de l'esclavage en marche
Textes rassemblés et commentés par Fabienne Jean-Baptiste
Cet ouvrage regroupe des poèmes et récits extraits des journaux de Bourbon et de Maurice de 1817 à 1848. Parus dans la rubrique «feuilletons» des journaux insulaires, ces textes, majoritairement des poèmes, apparaissent comme de fines réparties, réactions aux événements qui bouleversent les colonies dans cette première moitié du XIXe siècle. Au fil des feuilletons, se précisent les mentalités, les marches vers l'abolition de l'esclavage...
(26.00 euros, 222 p.)
ISBN : 978-2-343-02293-2, ISBN EBOOK : 978-2-336-36153-6

FEUILLETONS DES COLONIES (Volume II) Bourbon
Des poèmes et feuilletons pour découvrir l'Histoire des Iles-Sœurs Bourbon et Maurice et pour suivre les abolitions de l'esclavage en marche
Textes rassemblés et commentés par Fabienne Jean-Baptiste
Ce volume donne à découvrir les poèmes écrits par les Créoles et Européens de Bourbon et imprimés dans la presse bourbonnaise de 1820 à 1848. Des commentaires éclairent les allusions aux personnages et faits historiques. Ces feuilletons témoignent des mentalités coloniales en même temps qu'ils tournent une page de l'Histoire réunionnaise, clôturant le chapitre de la société esclavagiste de Bourbon.
(22.00 euros, 220 p.)
ISBN : 978-2-336-30320-8, ISBN EBOOK : 978-2-336-36154-3

CULTURE ET IDENTITÉS : APPROCHES CLINIQUES, SOCIOLOGIQUES ET ANTHROPOLOGIQUES
Kabaro 12, 13
Sous la direction d'Y.-L. Live et J.-F. Hamon
Les identités culturelles constitutives des identités individuelles sont questionnées au travers d'une double approche s'inscrivant dans les champs de la clinique interculturelle, transculturelle et freudienne, de la psychosociologie et de l'anthropologie de la construction identitaire dans des contextes complexes à Madagascar et Mayotte. L'approche clinique est complétée par l'évaluation psychométrique du développement cognitif et de ses troubles en contexte multiculturel à la Réunion.
(16.50 euros, 146 p.)
ISBN : 978-2-343-04194-0, ISBN EBOOK : 978-2-336-36226-7

DÉFENSE ET DÉFENSEURS DE L'ÎLE BOURBON (1665-1810)
Fontaine Olivier
Comment et par qui l'île Bourbon est-elle défendue entre 1665, date de son peuplement officiel et 1881, année de la prise de l'île par les Anglais ? Quelles

stratégies sont successivement élaborées et mises en place ? De quels matériaux et matériels Bourbon bénéficie-t-elle pour sa défense ? La présente étude tente de répondre précisément à ces questions et inventorie tous les obstacles qui pénalisent cette organisation et qui favorisent la conquête de l'île par les Anglais.
(Coll. Chemins de la Mémoire, série Histoire de l'océan Indien, 49.00 euros, 572 p.)
ISBN : 978-2-343-02465-3, ISBN EBOOK : 978-2-336-35333-3

OBSERVATOIRE DE LA VIE PUBLIQUE À MADAGASCAR
SeFaFi - Préface de Jean-Michel Dewailly
Sont réunis ici les communiqués publiés par le SeFaFi (Observatoire de la vie publique à Madagascar) de sa création en 2001 à 2013, fin de la Transition ouverte en 2009. Se démarquant d'une société civile prisonnière du consensus et de la sacralisation du pouvoir, le SeFaFi ne se contente pas de réagir à l'événement ; il observe, analyse, interpelle si nécessaire, et fait part de ses recommandations dès lors que la démocratie et l'État de droit lui semblent être menacés. Cette période est dominée par Marc Ravalomanana, pour s'achever avec l'interminable Transition dirigée par Andry Rajoelina.
(41.00 euros, 434 p.)
ISBN : 978-2-343-03487-4, ISBN EBOOK : 978-2-336-35454-5

CRÉOLISATION, PLURILINGUISMES ET DYNAMIQUES SOCIALES
Conduire des recherches en contexte plurilingue : le cas de Maurice
Tirvassen Rada
Cette étude est un questionnement de l'ensemble des interprétations opérées sur le plurilinguisme mauricien pendant ces trente dernières années. À cet égard, elle interroge la manière dont les sociolinguistes ont conçu leurs objets de recherche, élaboré leurs outils conceptuels et choisi les approches méthodologiques pour faire «du terrain». Elle trace, par ailleurs, des pistes pour d'autres types de recherches sociolinguistiques en contexte plurilingue.
(Coll. Espaces discursifs, 25.00 euros, 248 p.)
ISBN : 978-2-343-03355-6, ISBN EBOOK : 978-2-336-35544-3

EN SUIVANT LES MOUSSONS
Voyageurs et marchands sur les routes de l'Océan indien (IXe-XVIe siècle)
Unali Anna
Dans cette immense zone que l'Océan Indien représente, le fait de suivre les moussons a impliqué, pendant des siècles, de naviguer le long de routes déterminées par les vents périodiques. Au cours de l'année, ceux-ci prennent deux directions alternatives : nord-est et sud-ouest. Ainsi, ce sont les localités d'intérêt commercial qui deviennent les foyers incontournables d'un réseau complexe de relations, assurant le déplacement de quantités importantes de produits, entre des territoires très éloignés les uns des autres...
(Harmattan Italia, 34.00 euros, 312 p.)
ISBN : 978-2-336-30702-2, ISBN EBOOK : 978-2-336-35338-8

L'HARMATTAN ITALIA
Via Degli Artisti 15; 10124 Torino
harmattan.italia@gmail.com

L'HARMATTAN HONGRIE
Könyvesbolt ; Kossuth L. u. 14-16
1053 Budapest

L'HARMATTAN KINSHASA
185, avenue Nyangwe
Commune de Lingwala
Kinshasa, R.D. Congo
(00243) 998697603 ou (00243) 999229662

L'HARMATTAN CONGO
67, av. E. P. Lumumba
Bât. – Congo Pharmacie (Bib. Nat.)
BP2874 Brazzaville
harmattan.congo@yahoo.fr

L'HARMATTAN GUINÉE
Almamya Rue KA 028, en face
du restaurant Le Cèdre
OKB agency BP 3470 Conakry
(00224) 657 20 85 08 / 664 28 91 96
harmattanguinee@yahoo.fr

L'HARMATTAN MALI
Rue 73, Porte 536, Niamakoro,
Cité Unicef, Bamako
Tél. 00 (223) 20205724 / +(223) 76378082
poudiougopaul@yahoo.fr
pp.harmattan@gmail.com

L'HARMATTAN CAMEROUN
BP 11486
Face à la SNI, immeuble Don Bosco
Yaoundé
(00237) 99 76 61 66
harmattancam@yahoo.fr

L'HARMATTAN CÔTE D'IVOIRE
Résidence Karl / cité des arts
Abidjan-Cocody 03 BP 1588 Abidjan 03
(00225) 05 77 87 31
etien_nda@yahoo.fr

L'HARMATTAN BURKINA
Penou Achille Some
Ouagadougou
(+226) 70 26 88 27

L'HARMATTAN SÉNÉGAL
10 VDN en face Mermoz, après le pont de Fann
BP 45034 Dakar Fann
33 825 98 58 / 33 860 9858
senharmattan@gmail.com / senlibraire@gmail.com
www.harmattansenegal.com

L'HARMATTAN BÉNIN
ISOR-BENIN
01 BP 359 COTONOU-RP
Quartier Gbèdjromèdé,
Rue Agbélenco, Lot 1247 I
Tél : 00 229 21 32 53 79
christian_dablaka123@yahoo.fr

657725 - Juin 2016
Achevé d'imprimer par